A CAMINHO DE SE TORNAR UMA BOA PESSOA

Conceitos pedagógicos a partir de ensinamentos religiosos

Dr. Norbert Heger

Caça à paz com todos e à santificação, sem a qual ninguém verá o Senhor

CARTA AOS HEBREUS 12,14

CONTENTS

INTRODUCTION

Estudos realizados nos últimos anos mostraram que uma crescente falta de orientação é perceptível na sociedade. As pessoas estão procurando o sentido da vida, por um firme controle e uma orientação clara. Por que vale a pena se tornar uma boa pessoa? Que caminhos levam a este objetivo?
Muitas denominações fornecem o mesmo número de respostas a estas perguntas. O presente texto tem o objetivo de fornecer assistência através de uma comparação vívida das principais religiões. Como uma pessoa se torna uma boa pessoa no cristianismo, judaísmo, islamismo e budismo?
O leitor é convidado a obter uma visão geral dos conceitos pedagógicos individuais, a fim de encontrar mais facilmente o caminho pessoal...

1 CONCEITO MORAL

1.1 Abordagens filosóficas

Como dentro da filosofia existe uma multiplicidade de conceitos morais, neste capítulo vou me concentrar em algumas visões selecionadas que, em minha opinião, limitam suficientemente a diversidade de abordagens também em vista da filosofia geral: Quando se fala de valor no sentido filosófico, isso significa algo que é emocionalmente reconhecido pelas pessoas como superior, ao qual se pode se comportar de forma reconhecível, apreciativa e reverencial, esforçando-se (Cf. Menzer, citado em Schischkoff 1991, p. 776).

Por outro lado, porém, o conceito de valor também está associado a ações e pode, portanto, também designar aquilo que guia positiva ou negativamente ou deve orientar o esforço das pessoas (Cf. Hübli/Lübcke 1991, p. 614f.).

A multiplicidade das necessidades e sentimentos humanos explica a diversidade da valorização: o que é de alto valor para uma pessoa tem pouco ou nenhum valor para outra (Cf. Schischkoff 1991, p. 776).

Já na antiguidade se encontra este termo, mas sob diferentes nomes: naquela época se falava do bem, da bondade, do amável, da bem-aventurança, da virtude e do útil, do agradável, do forte e superior, do inteligente e sábio e outras formulações (Cf. março de 1963, p. 15 e seguintes).

Para Sócrates somente o bem moral tem um valor. Ele vê sua tarefa em superar as chamadas ilusões, o subjetivismo, o relativismo e a visão hedonista dos sofistas. Ele representa a absolutez dos valores. O conhecimento é o bem; o conhecedor é sábio, o homem sábio é bom. (Cf. Störig 1993, p. 153)

Aristóteles estava ansioso para restabelecer a essência do bem: Ele chamou de valor o que chamaríamos de virtude. Virtude é a constante orientação da vontade para o bem moral. Ela mesma é moralmente boa e um valor ético. (Cf. Schischkoff 1991, p. 737) Sob a influência do absolutismo, a compreensão da virtude se estreitou. Como resultado, a virtude social foi vista quase que exclusivamente como obediência à autoridade e a suas ordens. O conceito moral acabou degenerando em *virtudes burguesas* de pontualidade, parcimônia e diligência; ele se restringiu a definições individualistas e legais. (Cf. Wickert 1995, p. 32ff.) Na Idade Média, o termo *bom* por si só era comum. Com ele, a coisa era entendida como um portador de valor. Para Agostinho, por exemplo, Deus é o bem mais elevado. Nele o Ser e o valor são um na mais alta perfeição. Em seu amor universal, Deus permite que todas as suas criaturas participem de sua perfeição. Através de seu amor, o homem pode compreender todo o cosmos dos valores. (Cf. Agostinho, 9, citado em março de 1963, p. 17)

Tomás de Aquino ancora o bem no ser. O transcendente o bom, o único, o verdadeiro e o belo são intercambiáveis com o ser. São definições de ser e necessariamente seguem da essência do ser. Quanto mais perfeito um ser as possui, mais ele tem um interesse no ser. Deus forma a coroa em sua individualidade e personalidade, como o bem mais elevado, como a verdade em si mesma e como a beleza extraordinária. (Cf. Lippitz 1998, p. 11) Somente nos tempos modernos o termo *valor* se estabeleceu com o fundador da teoria do valor, Hermann Lotze. Ele separa entre ser e valor. Com sua diferenciação ele fundou as idéias básicas dos ensinamentos gerais de valor, nas quais o conceito de valor era separado dos conceitos éticos tradicionais do bem como idéia e do bem como objeto de valor, e era feita uma diferenciação entre valor como característica das realidades e valor como unidade ideal de validade. Para ele, os valores eram valores objetivos. (Cf. Speck 1980, p. 70f.)

A moderna teoria do valor filosófico distingue um ranking de classes de valor. No lugar mais baixo estão os valores hedonistas ou úteis. Acima destes estão os valores biológicos (nobre - base), os valores estéticos (belo - feio) e os valores pessoais (moral - imoral; bom - maligno). Finalmente, o valor religioso do sagrado é colocado no topo. Basicamente, deve ser dito que o acesso aos valores é estabelecido não através da mente, mas através do valor emocional e intuitivo do sentimento. A influência mais forte desta direção foi perceptível entre 1890 e 1930. Depois disso, houve uma tendência mais forte para *pensar em ser.*

Sua doutrina não considera mais os valores como condições originais indetectáveis e, portanto, também descreve sua validade como derivados. (Cf. Müller/Halder 1988, p. 343f.)

Na ética, os valores são geralmente importantes como conceitos normativos sob os quais as decisões de valor subjetivo do homem ocorrem em parte. Os valores são compostos de uma série de elementos

juntos: visão de valor, percepção de valor, pluralismo de valor, crítica de valor e decisão de valor. O ser humano atribui um certo significado a um fato, a uma pessoa, a uma ação: por exemplo, um fato deve ser verdadeiro, uma pessoa sincera (verdadeira), uma ação deve ser justa. Os valores são geralmente experimentados pela pessoa como desejáveis. O valor é assim derivado de um sentimento moral de querer ver valores, depois vê-los, ser abordado por eles e depois ser guiado por eles na ação. Os valores individuais em sua forma como idéias e como conceitos coletivos normativos abertos são geralmente reivindicações formais de valor vinculativas para o indivíduo: eles devem se aplicar a todas as pessoas a qualquer momento e em qualquer lugar. Em contraste, as interpretações, decisões e realizações de valores são limitadas no tempo, vinculadas a situações, subjetivas e emocionalmente. (Cf. Löwisch 1995, p.36ff.)

Afinal de contas, muito depende de como é determinada a constelação de valores ontic. Dependendo de como os valores são percebidos e interpretados, pode-se falar da possibilidade de uma mudança nos valores ou não. (Cf. Weinke 1990, p. II f.)

1.2 Abordagens religiosas

Também neste capítulo, vou me restringir a algumas das religiões que são importantes para mim ao descrever os pontos de vista morais, uma vez que provavelmente iria além do escopo deste trabalho incluir toda a seleção de religiões: A Bíblia fala claramente sobre o que deve ser considerado *mal,* ou seja, coisas que saem do homem interior (do coração):

Fornicação, roubo, assassinato, adultério, ganância, malícia, engano, deboche, inveja, blasfêmia, orgulho e irracionalidade. (Cf. Sociedade Bíblica Alemã 1999, p. 51 NT)

Todas essas coisas más saem de dentro e tornam o homem impuro. (Cf. Ibid. p. 51, NT)

Esta lista é estendida, por exemplo, na Epístola aos Galatianos. Aqui o apóstolo Paulo menciona ações como impureza, idolatria, feitiçaria, inimizade, contendas, ciúmes, raiva, contendas, discórdia, divisões, inveja, embriaguez, alimentação e afins. (Cf. ibid. p. 219, NT)

Em troca disto há agora, de acordo com a definição da Bíblia, também as chamadas coisas "boas", que, entretanto, foram criadas pelo próprio Deus, e nenhuma delas é de forma alguma repreensível. (Cf. Sociedade Bíblica Alemã 1999, p.241, NT) Estamos falando de qualidades como amor, alegria, paz, paciência, bondade, bondade, fidelidade, gentileza e castidade.
(Cf. ibid. p. 219, NT)

A carta aos Colossenses também dá informações sobre esta área e menciona, além disso, misericórdia sincera, humildade, tolerância mútua e perdão. (Cf. ibid. p. 232, NT)

Representações semelhantes do *bem* e do *mal* também são encontradas em outras religiões: O Dalai Lama acredita que existem certas ações que são negativas por definição. (Cf. Dalai Lama 2000,

p. 39)
Especificamente, ele menciona crimes violentos como assassinato e estupro, dependência de álcool e drogas, o aumento da taxa de divórcio e seus efeitos sobre as crianças, e o aumento da taxa de suicídio.
(Cf. ibid., p. 25 f.)

Segundo ele, características tais como ganância, arrogância, ambição e coisas *ruins.* (Cf. ibid., p. 108). Com isto ele se refere àquelas coisas que se desprendem das sensações humanas elementares e carregam em si mesmas um potencial imensurável de destruição. (Cf. ibid., p. 85) Tais pessoas, em sua opinião, levam uma vida egoísta sem ter qualquer interesse no bem dos outros. (Cf. ibid., p. 1 01) Em outro ponto, o Dalai Lama (2000) conecta sentimentos negativos com o termo *interesses egoístas* (Cf. Dalai Lama 2000, p. 131). Em sua opinião, todas as grandes religiões ou a maioria dos filósofos humanistas também subscrevem esta definição de qualidades negativas. (Cf. ibid., p. 164 f.)
Por outro lado, de acordo com sua descrição, a felicidade a longo prazo está ligada aos interesses dos outros (Cf. ibid., p. 63) e se expressa nos seguintes padrões de comportamento: Amor, compaixão, paciência, tolerância, perdão, satisfação e senso de responsabilidade. (Cf. ibid., p. 31 f.) O amor não vem em primeiro lugar sem nenhuma razão, pois é a qualidade positiva (elementar - humana ou espiritual) mais importante. (Cf. ibid., p. 114) Do ponto de vista budista, as ações de cura que fazem uma diferença positiva. (Cf. Günther 1 999, p. 123)

Em princípio, no entanto, deve-se notar neste contexto que a posição do Dalai Lama é que não há um entendimento uniforme entre as pessoas sobre o que é considerado *bom* ou *ruim.* (Cf. ibid., p. 36f.) Não podemos distinguir entre certo e errado se não levarmos em conta os sentimentos e o sofrimento dos outros. (Cf. Dalai Lama 2000, p. 37) Portanto, é um pré-requisito ter compaixão pelos outros para poder falar, para ser claro sobre o *certo* e o *errado.* Também dentro da religião islâmica há esta distinção entre *o bem* e o *mal.* (Cf. Schimmel 1990, p. 71)

De acordo com isto, as coisas *más* são chamadas de *pecado*. Os grandes pecados incluem, por exemplo: Idolatria, feitiçaria, assassinato, desvio de propriedade de órfãos, usura, deserção e profanação de mulheres religiosas. (Cf. ibid., p. 67) Aqui novamente o terreno comum se torna um ensinamento cristão ou budista, mesmo que se trate das *boas* ações pelas quais vale a pena lutar (Cf. ibid., p. 67), que correspondem essencialmente aos ensinamentos cristãos: Assim, por exemplo, um muçulmano cumpre os *Dez Mandamentos* do antigo e o mandamento da caridade do Novo Testamento. (Cf. Günther 1 999, p. 240)

2 A CAMINHO DE SE TORNAR UMA PESSOA "BOA".

2.1 Como é o homem por natureza?

Esta questão surge antes de tudo, quando se segue o caminho para uma boa pessoa, eu gostaria de caminhar sobre as pessoas. Pois se o homem fosse "bom" por natureza, não haveria motivo para seguir este caminho, pois tudo o que poderia ser alcançado já está lá.

Neste ponto, os ensinamentos das religiões ou as opiniões de vários filósofos e educadores divergem, às vezes de forma significativa. No entanto, é importante fazer esta pergunta no início, porque em minha opinião o sentido e o objetivo dependem disso.

Em certos círculos cristãos supõe-se que quando o homem nasce, ele é sobrecarregado com o pecado original de Adão. Isto se torna claro a partir das seguintes afirmações das Escrituras:

Como então, através do pecado de um só homem, a condenação veio sobre todos os homens (...) Pois como, através da desobediência de um só homem, os muitos se tornaram pecadores. (Cf. Sociedade Bíblica Alemã 1999, p. 178 NT)

Este se refere especificamente a Adam desde outro. De acordo com o 1º lugar no Novo Testamento, este é o primeiro lugar no qual diz que todos os homens devem morrer agora através de seu pecado (do autor). (Cf. ibid., p. 202)

A Epístola aos Romanos também dá uma dica decisiva para esta conexão. A passagem correspondente está sob o título *A culpa de todos perante Deus* (cf. ibid., p. 175) e depois aponta para uma passagem chave no Antigo Testamento (cf. Deutsche Bibelgesellschaft 1999, p. 175):

Não há quem faça o bem. O Senhor olha do céu para os filhos dos homens para ver se alguém é sábio e pede por Deus. Mas todos eles já partiram e são todos corruptos: não há ninguém que faça o bem, nem há ninguém que faça o bem. (Cf. ibid., p. 543 AT)

O fato de que agora todos os homens, desde o início, não fazem nada de *bom* a não ser ficar contra Deus e pecar, foi para o próprio Deus uma pedra angular de seus planos já de antemão: Pois Deus os encerrou a todos em desobediência, para que pudesse ter misericórdia de todos. (Cf. ibid., p. 184 NT)
Como agora é descrita a saída para esta *má* situação do homem, entrarei em mais detalhes no próximo capítulo.

Vale a pena mencionar neste curso que as diferenças entre as pessoas não são avaliadas como uma condição *negativa*. As diferenças, peculiaridades das pessoas que estão fora do mal, também deveriam ser. A natureza humana só é completa até que ponto essas diferenças saem nela. Que toda a variedade de fenômenos se desdobre para nós no campo da natureza humana. (Cf. véu de 1965, p. 26)

No sentido de Schleiermacher, trata-se sobretudo da necessidade de contra-atacar o que é *mal* na natureza humana:
Nenhuma diferença que se encontra em um indivíduo ou na massa é, em si mesma, algo que a educação deve neutralizar se não for maligna. (Cf. ibid., p. 26)
A Bíblia não se opõe às diferenças na natureza dos seres humanos, desde que elas estejam fora do *mal*. Pois nem tudo é útil a todos, nem todos gostam de tudo.
(Cf. Deutsche Bibelgesellschaft 1999, p. 987 OT)
Alguns capítulos mais adiante, diz em termos mais concretos:
Como todos os homens são criados da terra e Adão do pó, assim o Senhor os distinguiu em sua grande sabedoria e determinou seus caminhos de maneira diferente. (Cf. ibid., p. 983 AT)

Uma distinção interessante ao ensino bíblico é a atitude de Schleiermacher na medida em que ele aceita as diferenças das pessoas, por um lado, mas, por outro, ele também aponta as diferenças morais. Em sua opinião, há pessoas que representam certas coisas que correspondem à idéia do *bem,* enquanto outras não. (Cf. Schleiermacher 1965, p. 24)
Ele fala aqui da infância ou do estado desde o nascimento do ser

humano, pois com base em sua seguinte afirmação esta conclusão se torna possível pelo fato de que somente neste último caso (quando alguém não corresponde à idéia do *bem*) deve ser contrariado por meio da educação. (Cf. Schleiermacher 1965, p. 24)
Tão logo a natureza do homem seja tal que haja nele uma negação em termos espirituais, isto deve ser contrariado. (Cf. ibid., p. 24)
Com a palavra, *assim que a* possibilidade se apresentar novamente para mim, quer uma pessoa tenha *boas* ou *más* qualidades desde o nascimento. O fato de que é necessária uma contra-ação apropriada para superar *o mal* será discutido no próximo capítulo.

Wilhelm Geerlings (1999) também escreve em seu livro sobre Augustine: O pecado original é transmitido fisicamente. Ele é transmitido através da luxúria sexual (*concupiscentia carnalis*) e o homem está sobrecarregado com este pecado original desde o nascimento e, portanto, não é mais capaz de ser bom. Característica da natureza humana é agora a luxúria carnal (*concupiscentia carnis*), o que indica que o homem só é capaz do mal por si mesmo. (Cf. Geerlings 1999, p. 85)
Sobre este ponto há, portanto, um acordo completo entre Agostinho e as Sagradas Escrituras. Ambas assumem que os seres humanos são *maus* por natureza e são inicialmente incapazes de qualquer ação *boa*. Minha experiência pessoal também concorda com isso, pois estou ciente de minha incapacidade de fazer *o bem* se tornou consciente por natureza. Há - penso eu - tanto *mal* na cabeça de uma pessoa, se ela não se expuser cada vez mais a outras influências (contra-atactivas). Acho que é bastante fácil verificar este fato observando-se a si mesmo como reagiria em determinadas situações, em primeiro lugar: Você notará que estas são ações, reações ou emoções *negativas*, em nenhum caso *exemplares*, que venham à tona. Somente ao tomar consciência destas coisas, devido à influência de outros fenômenos, pode ocorrer uma execução *positiva* (para uma descrição mais detalhada veja o capítulo seguinte). Para diferenciação, o ponto de vista do Islã deve ser mencionado neste ponto. O primeiro pecado do homem não tem efeito infeccioso (ao contrário dos ensinamentos cristãos do

pecado original), o homem é bom por natureza e muda somente através de influências ambientais. (Cf. molde 1990, p. 30)
Este é um contraste marcante com a descrição bíblica. O *bom* ser no sentido do Islã já está colocado no berço do homem. Todas as *más* impressões são o resultado da influência de fora (do meio ambiente).

Annemarie Pieper (1997) diz sobre este assunto que a convicção dos pedagogos é que o homem não é bom por natureza, pois de outra forma os esforços educacionais seriam supérfluos se o bem já estivesse firmemente ancorado em uma inclinação inata à virtude e à moralidade. Por outro lado, segundo Pieper, os educadores também não assumem que as pessoas são más por natureza, porque neste caso também as medidas educativas não funcionariam, porque tais medidas saltariam fora da determinação pelos "genes maus" e, portanto, seriam em vão. (Cf. Pieper 1997, p. 18)
Pieper tira a conclusão a este respeito: Se as pessoas são capazes de aprender e podem ser induzidas a basear seu comportamento em regras geralmente vinculativas por meio de "treinamento" pedagógico e instrução racional, que não visa a obediência mas a maturidade, a hipótese parece ser permitida de que o homem não é bom nem mau por natureza, mas que ele tem disposições inerentemente indiferentes que, dependendo da influência e do meio, podem evoluir para a moralidade ou imoralidade. (Cf. ibid., p. 18)

Irenäus Eibl - Eibesfeldt descreve os fatos do caso a partir do seguinte ponto de vista e, portanto, quer contrapor o ponto de vista de Konrad Lorenz, que em seu livro *Das sogenannte Böse* aponta os fundamentos inatos do mal:

Eibl - Eibesfeldt (1993) assinala no livro *Liebe und Hass* que, com a evolução dos cuidados individuais com as crias, a capacidade de amar e o comportamento afiliado em vertebrados foi integrada ao mundo. É evidente que estes padrões positivos de comportamento social e motivações estão firmemente enraizados em nossa herança biológica. De acordo com esta atitude, nós humanos somos naturalmente amigáveis e dotados para o amor, ou seja, para a união pessoal. Em outro livro *Krieg und Frieden* Eibl - Eibesfeldt finalmente descreve que a guerra não é de modo algum um adormecer em nossos genes, mas é o resultado da evolução cultural. (Cf. Huber 1993, p. 48f.)

Gertrud Nunner - Winkler (1993) refere-se em seu texto *Zur moralischen Sozialisation* às imagens contraditórias do homem por Hobbes resp. Rousseau: Segundo Hobbes, o homem é por natureza egoísta e implacável, e somente o Leviatã é capaz de domar a luta de todos contra todos; Rousseau, por outro lado, entende o povo por natureza como bom e é a sociedade que ameaça corrompê-lo. (Cf. Huber 1993, p. 118)
Segundo a Nunner - Winkler (Cf. Huber 1993, p. 118) ambos podem ser comprovados empiricamente: A criança pequena afirma ininterruptamente e impiedosamente interesses egoístas também às custas de outros (certos resultados de pesquisa comprovam isso); ao mesmo tempo, porém, está igualmente pronta e capaz de dar ajuda espontânea e altruísta (o que está suficientemente comprovado no contexto da pesquisa altruísta, (ver por exemplo Eisenberg 1982, 1986 citado por Huber 1993, p. 118).
No *estado da natureza,* o indivíduo tem impulsos egoístas e altruístas espontâneos. (Cf. Huber 1993, p. 118)

De acordo com Franz M. Wuketits (1993), se o homem é *bom* ou *mau* por natureza depende do que é visto como *bom* ou *mau.* (Cf. Wuketits 1993, p. 13ff.) De acordo com Wuketits, somente quando se está claro sobre o conceito moral básico que se representa, se pode ter uma idéia sobre as características inatas de um ser humano. A questão de saber se uma pessoa é inerentemente boa é talvez apenas uma questão retórica. De acordo com seu ponto de vista, não há nem *bem* nem *mal* na natureza, mas do ponto de vista humano, algumas coisas parecem ser *boas* ou *más.* A capacidade do homem de avaliar suas próprias ações é parte de sua natureza. (Cf. Wuketits 1993, p. 234)

2.2 Consciência

Annemarie Pieper (1997) considera a consciência como um instrumento que entra em jogo quando se quebra as regras morais do jogo e nos lembra que se deixou os caminhos do bem e se é culpado de transgressão (consciência de transgressão). (Cf. Pieper 1997, p. 119)

Somente quando encontramos alguém que obviamente sem nenhum sinal de culpa comete ações que estamos acostumados a julgar como más, em casos maus como maus, surge a questão do que realmente queremos dizer com o bem e o mal. Pois agora somos obrigados a justificar nossos julgamentos morais quando as sanções e punições morais não pretendem ser meros atos arbitrários, mas reivindicam legitimidade e também devem ser justificadas para o acusado. (Cf. ibid., p. 119)

Horst Seidl (1999) descreve-o com as palavras: Segundo os ensinamentos tradicionais, a consciência, em sua forma original e natural, é a consciência do bem e do mal, em relação às próprias ações e à vida de cada um, assim como a dos outros. Se o termo se tornou tão pouco claro hoje, é porque o conceito de bem moral (objetivo) também não é mais claro, mas muitas vezes é substituído pelo conceito (subjetivamente determinado) de valores. (Cf. Ellinghaus 1999, p. 95)

Thomas Mohrs (2002) também trata do problema de consciência, referindo-se a John Stuart Mill. Segundo ele, a essência da consciência consiste em um sentimento moral específico, na medida em que é desinteressado e direcionado ao puro pensamento do dever, não a uma de suas manifestações particulares ou uma mera circunstância concomitante (Cf. Mill 1976, p. 49 citado em Laufhütte / Lüdeke 2002, p. 75) E o *caráter obrigatório da consciência* - Mill continua - é baseado na *existência de uma barreira emocional que deve ser quebrada assim que quisermos fazer algo que viole nossa norma de legalidade*, declarando esta última como parte da natureza. (Cf. Mill 1976, p. 50 citado em Laufhütte / Lüdeke 2002, p. 75)

Neste contexto, o termo *nossa norma de legalidade* é particularmente marcante para mim, pois reflete para mim o caráter subjetivo que, segundo Seidl (1999), como já mencionado acima, entra em jogo quando não há um conceito moral uniforme.

2.3 Instruções para uma boa pessoa

Orientações Religiosas

omo um pré-requisito fundamental para fazer deste
caminho para um bem
Ser capaz de esmagar as pessoas é válido no sentido do ensinamento cristão,
a decisão pessoal de querer mudar do zero
para estar pronto para entrar em conversa com Deus. Este último
não é um requisito absoluto. (explicarei isto um pouco mais
detidamente). O caminho bíblico para se tornar uma boa pessoa
começa contando a Deus com
todo o seu coração: Vocês me buscarão e me encontrarão, porque
se
me buscarem de todo o coração, não deixarei que eu
os encontre. (Cf. Sociedade Bíblica Alemã 1999, p. 755 OT)

Em outras palavras, o Novo Testamento diz: (...) aquele que vem
a mim, não o expulsarei. (Cf. ibid., p. 115 NT) Como é esta *busca*
em termos concretos? Começa com a tomada de consciência do
homem de sua pecaminosidade (= culpa diante de Deus). Sem esta
constatação é impossível estabelecer uma conexão duradoura
com Deus e, portanto, tomar o caminho do *bem*. Se dizemos que
não temos pecado, estamos nos enganando a nós mesmos e a verdade não está em nós. Mas se confessarmos nossos pecados, ele é
fiel e justo para nos perdoar nossos pecados e para nos purificar
de toda injustiça. Se dizemos que não pecamos, fazemos dele um
mentiroso, e sua palavra não está em nós (Cf. ibid., p. 257 NT).
Agora há duas maneiras diferentes de se chegar a esta realização
da culpa diante de Deus: O primeiro caminho é através da Bíblia

(a lei de Deus). através da lei vem o conhecimento do pecado (Cf. ibid., p. 176 NT).

Assim, em qualquer forma que se lide com os mandamentos e proibições da doutrina cristã e assim se toma consciência de suas próprias transgressões. A segunda possibilidade é não conhecer a lei de Deus e chegar ao conhecimento de uma maneira completamente diferente: Na Epístola aos Romanos, Paulo aponta que as pessoas que não têm a lei, mas por natureza fazem o que a lei exige, são pessoas, embora não tenham a lei, que são elas mesmas lei. Desta forma, eles provam que tudo o que é exigido pela lei está escrito em seus corações, porque sua consciência testemunha isso para eles e também os pensamentos que se acusam ou até mesmo desculpam uns aos outros. (Cf. ibid., pp. 174f. NT)

Portanto, existe a opção de não conhecer a lei de Deus e ainda estar ciente de seus princípios. A consciência funciona aqui, por assim dizer, como um instrumento que tem sido usado por Deus para poder alcançar todas as pessoas, e não apenas para dar àqueles que têm acesso à Sagrada Escritura a oportunidade de fazê-lo. Uma consciência culpada transmite a alguém que o que alguém fez, está fazendo ou fará não é correto diante de Deus e, portanto, representa uma violação da lei. Sentimentos de culpa expressam este estado de coisas com mais força em outras conseqüências. Se você já se decidiu por uma ou outra possibilidade, o primeiro passo para buscar a Deus já está dado. Caso contrário, se essa vontade não existir, o homem deve contar com as conseqüências que Deus pretende:

E como eles não se importavam em conhecer Deus, Deus os entregou da maneira errada, para que fizessem o que não é certo, cheios de toda injustiça, maldade, ganância, malícia, inveja, assassinato, contenda, astúcia, perfídia; cúmplices, caluniadores, desprezadores de Deus, perversos, altivos, presunçosos, orgulhosos, inventivos no mal, desobedientes aos pais, irracionais, desleais, sem amor, impiedosos. Eles sabem que aqueles que fazem estas coisas merecem a morte segundo a lei de Deus; mas não os fazem sozinhos, mas têm prazer naqueles que os fazem. (Cf. Sociedade

Bíblica Alemã 1999, p. 174 NT)

Em outras palavras, se este processo não é sequer posto em movimento, mas *o mal* no sentido da Bíblia continua a marcar a vida de uma pessoa. não é posto em movimento, mas *o mal* no sentido da Bíblia continua a marcar a vida de uma pessoa.

No budismo, assume-se que a mente e o corpo são dominados pela luxúria e pelo ódio através de várias ações e pragas contaminadas, que são a causa do sofrimento atual. (Cf. Günther 1999, p. 118)

A questão que se coloca é esta: Onde se pode encontrar um santuário?

Uma fonte de refúgio teria que ter completa e definitivamente superado todas as deficiências, teria que estar livre de todas as falhas. Deve também ter todos os atributos de altruísmo.
(Cf. Günther 1999, p. 119)

No budismo, Buda é aquele que apagou todos os erros e atingiu todos os objetivos. Deve-se refugiar um Buda em sua mente, elogiá-lo com a fala, mostrar respeito com o corpo e entrar no ensinamento de tal ser. (Cf. ibid., p. 119)

Aqui a diferença para o cristianismo é notável: Segundo o ensino cristão, o homem deve buscar o único Deus e entrar em contato com Ele. O budismo, no entanto, é sobre a pessoa ou ser Buda, com a qual se encontra refúgio. Em ambas as religiões, no entanto, trata-se de tomar um *bom* caminho a fim de neutralizar a influência do *mal*. Apenas - como dito - elas diferem no ponto de quem se deve guiar, embora os dois modelos (Deus e Buda) tenham características muito semelhantes. Na Epístola de Tiago, a semelhança da natureza de Deus com Buda torna-se visível:

Todo bom presente e todo presente perfeito vêm de cima, do Pai da luz, com quem não há mudança (Cf. Deutsche Bibelgesellschaft 1999, p. 274 NT).

Já no Antigo Testamento, por exemplo, dois versículos dos Salmos fornecem informações sobre isso: Pois a palavra do Senhor é verdadeira, e o que ele promete ele certamente irá cumprir. Ele ama a retidão e a justiça: a terra está cheia da bondade do Senhor.

(Cf. ibid., p. 555 AT)

No Islã também existe este *Deus único*, assim como no cristianismo, pelo qual o muçulmano se orienta. É dever do homem dedicar-se com todo seu coração, alma e mente a este único Deus, o Todo-Poderoso, o Misericordioso, o Compassivo. (Cf. Schimmel 1990, p.17)

Se você olhar atentamente as citações, verá que é uma questão de procurar com todo seu coração, ou melhor, de devoção com todo seu coração.

Agora, o que significa quando falamos de *todo o coração*? Do Evangelho de Mateus é claro: ninguém pode servir a dois mestres: Ou ele vai odiar um e amar o outro, ou ele vai se apegar a um e desprezar o outro. Não se pode servir a Deus e ao mâmon. (Cf. Sociedade Bíblica Alemã 1999, p. 9 NT)

Portanto, segundo a Bíblia, é impossível aproximar-se de Deus com um coração dividido, porque esta divisão está ligada a uma meia alma.

É como se Deus, antes de tudo, exigisse a atitude correta do coração e também reconhecesse isso: Um homem vê o que está diante de seus olhos; mas o Senhor olha para o coração. (Cf. ibid. p. 293 AT)

Em segundo lugar, uma prova exige que as pessoas sejam sérias a respeito dele meu: o Espírito Santo, que Deus deu àqueles que lhe obedecem. (Cf. ibid., p. 142 NT) O Espírito Santo como um componente da *Trindade* cristã é usado por Deus como *recompensa*, por assim dizer, para todos aqueles que lhe obedecem (Deus). Antes de continuar a explicar o significado de *obedecer*, explicarei primeiro a *Trindade* Cristã:

Para o cristão crente existe, portanto, um único Deus, que já emerge dos *Dez Mandamentos* do Antigo Testamento: Eu sou o Senhor vosso Deus, (...). Não terás outros deuses ao meu lado. (Cf. Sociedade Bíblica Alemã 1999, p. 185 OT) Alguns capítulos mais tarde diz: Mas cuidado para que seu coração não seja enganado, que você caia, e sirva e adore outros deuses (cf. ibid., p. 191 AT).

Mas a maldição se não obedeceres aos mandamentos do Senhor teu Deus, (...) que deves andar atrás de outros deuses que não conheces. (Cf. ibid., p. 192 AT)
Este Deus tem um filho chamado Jesus Cristo. (Cf. ibid., p. 5 NT) Deus e seu Filho Jesus Cristo são um só: Como tu, Pai, estás em mim e eu em ti, (...) como nós somos um (Cf. Deutsche Bibelgesellschaft 1999, p. 130 NT). O próprio Deus *é* Espírito (Cf. ibid., p. 111 NT) e as palavras de Jesus também são preenchidas por este *único* Espírito. (Cf. ibid., p. 115 NT)

Além disso, é importante saber que o próprio Jesus é este Deus *único* (cf. Sociedade Bíblica Alemã 1999, p. 261 NT), com o qual este vínculo de unidade é finalmente fechado.

Daí o termo *Trindade*. O Filho de Deus Jesus Cristo em unidade com Seu Pai, por causa da conexão através do Espírito Santo. Este Espírito Santo tem agora a tarefa de trazer todas essas pessoas para esta conexão com Deus também. Para isso, porém, esta prova mencionada acima é necessária. Deus quer que as pessoas, antes de receberem dele o Espírito Santo, mostrem através de suas obras que decidem de todo o coração tomar este caminho para se tornarem um *bom* ser humano, treinando-se para obedecê-lo.
Dizem que conhecem Deus, mas por suas obras O negam; são uma abominação e não obedecem e são impróprios para todas as boas obras. (Cf. Sociedade Bíblica Alemã 1999, p. 247)
Também na carta de James é apontado que a fé sem obras está morta em si mesma. (Cf. ibid., p. 275 NT) Deus, portanto, exige expressamente que o homem, quando começar a procurá-lo (Deus), reconheça em primeiro lugar a culpa, como descrito acima, mas que depois também esteja preparado para fazer boas obras e as faça de fato. Aqui, o paralelo próximo aos ensinamentos do Islã e do Budismo torna-se claro.
Para o crente há cinco deveres [no Islã], os *pilares* do Islã, dos quais o primeiro, o credo, é na verdade a base para os outros. Quem confessa publicamente *que não há deus a não ser Deus e que Muhammad é o mensageiro de Deus* (...) aceitou assim o Islã. (Cf. Schimmel

1990, p. 32) Mas não permanece com esta confissão única, mas deve chegar à execução prática da fé, da mesma forma que no cristianismo. Muitos poderiam confessar a unidade de Deus, mas Muhammad estabelece os acentos práticos; obedecer-lhe significa fazer a vontade de Deus revelada na lei divina (Cf. ibid., p. 33). Eles não aceitam a fé sem obras e afirmam que a fé pode crescer através de boas obras (cf. ibid., p. 67). Annemarie Schimmel (1990) assinala este fato.

Heinz Halm (2000) pensa que a conversão ao islamismo é um ato informal. O pronunciamento da confissão de fé é suficiente se for feito com intenção honesta. (Cf. Heinz Halm 2000, p. 61)
De acordo com a opinião de Heinz Halm, também o Islã é sobre o desempenho de boas ações: Um muçulmano é, considerado como sendo alguém, que se comporta como um muçulmano. (Cf. ibid., p. 61) No que diz respeito ao significado da Trindade no Islã, o seguinte deve ser dito:
Deus não tem filho, nem é um filho. O dogma cristão da Trindade é inaceitável para os muçulmanos; Jesus é um profeta enviado por Deus, mas não é o Filho de Deus. (Cf. Halm 2000, p. 60)
Do ponto de vista budista, pode-se dizer que neste ponto também há acordo sobre a necessidade das *boas* ações. A fim de ter um efeito positivo para este tempo, deve-se fazer todos os esforços para fazer boas ações e deixar de lado as boas ações que não são boas. Desta forma, os bons investimentos são colocados em consciência. (Cf. Günther 1999, p. 123)
O Dalai Lama (2000) diz isto muito apropriadamente:
Tenho a conclusão de que não faz grande diferença se alguém adere ou não a uma religião. É muito mais importante ser uma boa pessoa. Digo isto com consciência de que a influência da religião na vida das pessoas - especialmente nos países desenvolvidos - é geralmente bastante pequena, embora a maioria destas quase seis bilhões de pessoas possa professar esta ou aquela fé. (Cf. Dalai Lama 2000, p. 28)
Para o Dalai Lama, portanto, pertencer a uma determinada religião e, portanto, também o credo pessoal de uma pessoa a um

determinado Deus não desempenha o papel central, mas é visto como uma possibilidade. Esta atitude é muito difícil, se não impossível de conciliar com os ensinamentos do Islã, uma vez que este credo ao único Deus é um dos cinco pilares.

O ponto de vista do Dalai Lama seria muito provavelmente associado ao único caminho de Deus - a busca, ou seja, o único caminho que permite a uma pessoa, sem conhecimento da lei mas apenas com base na consciência (ver acima), tomar este caminho para se tornar uma *boa* pessoa. Pode-se supor que no caso de correspondente ignorância da lei (mandamentos, proibições) também há ignorância da existência de Deus. De um ponto de vista puramente intelectual, só se aprende sobre isto com base em ensinamentos apropriados e não se nasce com isto no berço desde o início.

Assim, a fé vem do sermão, mas a pregação vem da palavra. (Cf. Sociedade Bíblica Alemã 1999, p. 183)
O Dalai Lama assinala neste contexto que a crença religiosa não é um pré-requisito para o comportamento ético ou para a própria felicidade. Ele, entretanto, considera que alguém que se dedica seriamente a uma religião ganha vantagens consideráveis com isso. Aqueles que estão ancorados em uma crença firme baseada na compreensão e na prática diária são geralmente mais capazes de lidar com as adversidades da vida do que aqueles que não têm tal crença. (...) Por esta razão, acredito que
religião ainda é importante hoje em dia. (Cf. Dalai Lama 2000, p. 237) Portanto, o Dalai Lama se preocupa principalmente com a aplicação prática das *boas* ações, independentemente de elas terem ou não origem em uma convicção religiosa.
Em sua opinião, é de valor limitado se se confia apenas na fé, mas não se busca compreendê-la e colocá-la em prática. (Cf. ibid., p. 242)
Portanto, deve-se notar que não há Deus no ensinamento budista. Como mencionado acima, Buda é considerado como um refúgio perfeito e exemplar, mas trata-se principalmente de como uma pessoa vive. A satisfação de um deus (por exemplo, como no ensinamento cristão) não é, portanto, o núcleo desta religião.

Como conclusão, pode-se agora dizer que as diferenças essenciais entre as três religiões mencionadas (Cristianismo, Islamismo e Budismo) devem ser reconhecidas sobretudo em termos de se agora um deus ou um Buda, ou se nenhum desses seres desempenha um papel no caminho para se tornar um *bom* ser humano. As três correntes concordam sobre isto: a aplicação prática de *boas* obras é o componente decisivo da busca do ser humano, independentemente de Deus ou um Buda servir como padrão, exemplo ou refúgio.

No entanto, por outro lado, as diferenças podem ser vistas na execução concreta de *boas* obras, isto é, por um lado, no que diz respeito à natureza da própria escritura e, por outro lado, no que diz respeito à capacidade da pessoa de fazer isso. Em todos os pontos há muito consenso, como veremos mais adiante. Como há um número muito grande de mandamentos e proibições nos ensinamentos das religiões, não é possível nesta tese lidar com todas as áreas da vida. Vou me concentrar principalmente nos pontos-chave da respectiva direção.

No Novo Testamento da Bíblia, é essencialmente o amor que traz tudo o que é necessário a um denominador comum. amarás o Senhor teu Deus com todo o teu coração, com toda a tua alma e com todas as tuas forças. (Cf. Sociedade Bíblica Alemã 1999, p. 186 OT) Há outro mandamento: Amarás o teu próximo como a ti mesmo. (Cf. ibid., p. 123 AT) Estes dois mandamentos são os mais altos e maiores mandamentos da doutrina cristã e contêm tudo o que a lei e os profetas exigem. (Cf. ibid., p. 31 NT)

Então, em que consiste este amor em termos concretos? Diz-se que, como se citasse este *amor* como contendo outras coisas que são a Sagrada Escritura em outros lugares. Estou pensando aqui, para mantê-lo em termos gerais no início, de Mateus 7:12: O que quer que você queira que as pessoas lhe façam, faça-o a elas. (Cf. Sociedade Bíblica Alemã 1999, p. 10 NT)

Como já mencionado no primeiro capítulo, nestes casos pode haver opiniões diferentes de pessoa para pessoa sobre o que se espera dos outros em um determinado caso, a fim de ajustar imediatamente o próprio comportamento de acordo.

De acordo com minha compreensão dos ensinamentos cristãos, no entanto, há também uma diretriz na Bíblia que cobre uma parte considerável de situações imagináveis na vida de uma pessoa. A fim de analisar *o amor* como é descrito no Novo Testamento um pouco mais de perto, é necessário dar uma olhada mais detalhada em alguns versículos da Primeira Epístola aos Coríntios:

Se eu falasse com línguas de homens e com línguas de anjos e não tivesse amor, eu seria um soar de latão ou um sino de campainha. E se eu pudesse falar profeticamente e conhecer todos os mistérios e todo o conhecimento e ter toda a fé, para que pudesse mover montanhas e não ter amor, eu não sou nada. E se eu desse tudo o que tenho aos pobres e deixasse meu corpo arder, e não tivesse amor, onde isso não me beneficiaria nada? O amor é paciente e bondoso, o amor não inveja, o amor não se ensoberbece, não se comporta mal, não busca o seu próprio, não se deixa encolerizar, não atribui o mal, não se alegra com a injustiça, mas se alegra com a verdade, suporta tudo, acredita tudo, espera tudo, tolera tudo. (Cf. Sociedade Bíblica Alemã 1999, p. 200 NT)

Paul continua a dar instruções adicionais, às vezes em palavras ligeiramente diferentes:

Por isso, agora, ponde-vos de bom grado em misericórdia, bondade, humildade, mansidão, paciência; e suportai uns aos outros, e perdoai-vos uns aos outros, se um tem uma queixa contra o outro; como o Senhor vos perdoou, assim também vós perdoais. Mas, acima de tudo, atrair ao amor, que é o vínculo da perfeição. E a paz de Cristo, à qual vocês também são chamados. (Cf. ibid., p. 232 NT)

Paulo assim apela para estas *boas* ações no sentido da fé cristã com a gratidão que as acompanha. E todas as coisas, quer as faça com palavras ou com obras, faça-as todas em nome do Senhor Jesus e dê graças a Deus Pai através dele. (Cf. ibid., p. 232 NT)

Ao olhar as instruções do Dalai Lama (2000) sobre como as pessoas devem se comportar agora, os paralelos com o ponto de vista cristão se tornam visíveis.

Mas o Dalai Lama primeiro aponta que, embora a ciência possa mostrar enormes sucessos, nem ela nem a ciência jurídica fornecem instruções para uma ação moral. (Cf. Dalai Lama 2000, p. 21)

Qual é o conceito do Dalai Lama, explicarei a seguir alguém que é dedicado, amoroso, paciente, tolerante, perdoador e avançado reconhece até certo ponto os possíveis efeitos de suas ações sobre os outros e direciona seu comportamento de acordo. Assim, a prática espiritual de acordo com esta definição inclui, por um lado, que alguém age por interesse no bem-estar dos outros. Por outro lado, implica que mudamos a nós mesmos para que sejamos mais facilmente capazes de fazê-lo. (Cf. ibid., p. 33)

Não é difícil reconhecer as semelhanças com as diretrizes da Bíblia, especialmente no que diz respeito às qualidades de paciência, amor, perdão e também à independência descrita. De acordo com isto, as características de uma pessoa *bem* comportada são essencialmente as mesmas no exterior. Também o fato de que o comportamento proposto está relacionado a uma intenção interna de encontrar a outra pessoa de uma certa maneira, a fim de ser tratada de acordo, faz parte dos ensinamentos do Dalai Lama, assim como das Sagradas Escrituras.

Que significado tem esta intenção interior de uma pessoa em relação às *boas* ações que vou entrar em detalhes mais tarde.

O Dalai Lama (2000) o formula em outro lugar em seu *Livro da Humanidade* com as palavras: Se sempre tentamos satisfazer nossas necessidades diretamente, sem considerar os interesses dos outros, minamos a possibilidade de felicidade a longo prazo. (Cf. Dalai Lama 2000, p. 63)

Paulo descreve isso de maneira semelhante na Carta do Novo Testamento aos Romanos, apontando para alguns versículos dos Salmos: Quem gostaria de viver bem e ver dias bonitos?

Mantenha sua língua longe do mal e seus lábios longe de falar enganos. Abstenha-se do mal e faça o bem, e busque a paz e persegui-la. (Cf. Sociedade Bíblica Alemã 1999, p. 556 AT)

Assim, a consideração é colocada no espaço, que de longo alcance, uma *boa* vida pode ter.

No entanto, esta questão só será examinada em mais detalhes em um outro capítulo. Da mesma forma, mas em detalhes um pouco diferentes, os pontos centrais sobre este tópico se encontram na religião do Islã. Como já mencionado, existem cinco *pilares* que representam o elemento central da fé.

Tanto Annemarie Schimmel (1990) como Heinz Halm (2000) descrevem estes cinco *pilares* do ensino do Islã em suas respectivas obras:

O primeiro *pilar* é a confissão de fé no único Deus e que Muhammad é o mensageiro de Deus. Esta é na verdade a base de tudo o resto. (Cf. Schimmel 1990, p. 32)

A esmola, a segunda área, é um imposto precisamente regulamentado, cujo produto deve ser usado para os pobres, os necessitados, os funcionários que cobram o imposto. (Cf. Schimmel 1990, p. 33)

O jejum hoje pode ser o mais estritamente observado, embora possa ser o mais difícil de ser feito. (Cf. ibid., p. 33) Durante todo o Ramadã (9º mês do ano lunar islâmico de 354 dias), da madrugada ao anoitecer, não é permitido comer, beber ou fumar. Além disso, não é permitido desfrutar de uma fragrância ou ter relações sexuais. (Cf. Schimmel 1990, p. 33f.)

Jejum significa que durante o dia nenhum alimento ou estimulante de qualquer tipo pode ser fornecido ao corpo e que a abstinência sexual é necessária. (Cf. Halm 2000, p. 66) O quarto *pilar* é a peregrinação a Meca. Como o jejum, ele está ligado a tempos específicos e ocorre no último mês lunar. (Cf. Schimmel 1990, p. 35)

A oração obrigatória como quinto e último componente destes cinco elementos básicos é o elemento mais importante para a vida cotidiana e o mais formativo para a imagem externa do Islã. (Cf. Schimmel 1990, p. 36) Além disso, Annemarie Schimmel (1990) aponta que a oração cinco vezes no Corão é considerada como um ato de humildade e adoração no final do qual o crente pode expressar suas preocupações pessoais. (Cf. ibid., p. 38)

Heinz Halm (2000) faz a seguinte observação importante: A oração ritual islâmica (...) não consiste em um texto falado (ou imaginário), mas a partir de uma seqüência de posturas: De pé em pé, dobrando o tronco, ajoelhando com a testa tocando duas vezes o chão. (...) A oração termina com um giro da cabeça para a direita e depois para a esquerda. (Cf. Halm 2000, p. 61)

Característica para estes cinco deveres básicos do muçulmano é, em minha opinião, a ênfase nas aparências externas. Isto provavelmente não está de acordo com as atitudes enfatizadas no interior do coração para a esfera interpessoal, como já estão descritas acima no sentido da Bíblia ou dos pontos de vista do Dalai Lama. Embora a fé islâmica seja também a de se abster do pecado (cf. Schimmel 1990, p. 67), em troca, a atenção está voltada principalmente para a observância destes cinco deveres. Qualidades como amor, paciência, compaixão e perdão não têm, portanto, prioridade deste ponto de vista, já que elas, como tais, não estão de modo algum contidas nos cinco *pilares*. A possibilidade de que estes conteúdos também estejam preocupados no Islã, entretanto, ainda existe se pensarmos na declaração de Annemarie Schimmel de que o poder purificador da oração obrigatória lava os pecados do homem cinco vezes ao dia. (Cf. Schimmel 1990, p. 38)

Assim, o muçulmano está ansioso para que seus pecados sejam lavados e também tentará evitar pecados na vida cotidiana (definição ver acima), uma vez que ele mesmo é responsável por suas próprias ações: Ao fazer isso, ele se sente pessoalmente responsável por suas próprias ações.

Responsabilidade por suas ações e omissões. Ele confia que Deus o recompensará por suas boas ações (Cf. Günther 1999, p. 242).

Essas *boas* ações representam o oposto do que se chama *pecado* e, portanto, permitem-me concluir que se trata muito bem também de fenômenos como o amor, a paciência, etc., embora apenas subordinados ou ligados às cinco funções descritas, nas quais o cumprimento dessas formas externas está em primeiro plano.

Em resumo, pode-se dizer que as três religiões diferem apenas insignificantemente no que diz respeito à instrução concreta de uma vida como *boa* pessoa.

Mas certamente há também um ponto que *separa* a doutrina cristã das outras duas. Descreverei este fato no seguinte:

Característico para os budistas, bem como para a atitude islâmica, é o fato de que neles depende acima de tudo dos próprios esforços para resistir às *más* influências e fazer o *bem*. Quanto mais uma pessoa fizer um esforço, maior será seu sucesso neste sentido. O esforço para o sucesso do objetivo é então inteiramente o trabalho de cada indivíduo. (Cf. Bsteh 1982, p. 80f.) Como já mencionado, o muçulmano também sente esta responsabilidade pessoal por suas ações. (Cf. Günther 1999, p. 242)

No entanto, a característica essencial da doutrina cristã difere dos dois pontos de vista mencionados acima. No sentido da Bíblia, o homem primeiramente tentará obedecer a Deus por seus próprios esforços, obedecendo aos mandamentos e evitando o pecado, mas posteriormente há uma ajuda usada por Deus, que dá àqueles que realmente levam isso a sério um poder sobrenatural. Este poder é chamado o *Espírito Santo* na Bíblia. (Cf. Sociedade Bíblica Alemã 1999, p. 142 NT)

Como já mencionado acima, este *Espírito Santo* representa um membro da *Trindade* e é suposto estabelecer a conexão com os fiéis.

O caminho para um *bom* ser humano não é mais feito por sua própria força, mas esse Espírito traz todo o *bem* de um ser humano. Mas se o Espírito o governa, você não está mais sob a lei. Mas o fruto do Espírito é amor, alegria, paz, paciência, bondade, bondade, fidelidade, mansidão. castidade; (Cf. ibid., p. 219 NT)

A realização do objetivo de viver como uma *boa* pessoa não é, portanto, *o fruto da própria capacidade*, mas o *fruto do Espírito*.

Já não se realizam os atos correspondentes por compulsão ou grande esforço: não com relutância ou por compulsão (Cf. ibid., p. 211 NT), mas com um coração alegre: pois Deus ama um doador alegre (Cf. ibid., p. 211 NT).

Os Efésios do Novo Testamento dizem ainda mais claramente: Pois é pela graça que vocês foram salvos pela fé, e não por vocês mesmos: é o dom de Deus, não pelas obras, para que ninguém se glorie. Pois somos sua obra, criados em Cristo Jesus para fazer boas obras, que Deus preparou de antemão para que andássemos nelas. (Cf. Deutsche Bibelgesellschaft 1999, p. 221 NT) Penso que o perigo no budismo e no islamismo está no fato de que, como crente, somos tentados a invocar o próprio desempenho em fazer o *bem*. Na fé cristã também se está exposto a este perigo, mas percebe-se isso (se chegar a isso) sobretudo pelo fato de que de repente os próprios esforços fúteis dominam novamente e as *boas* ações acontecem novamente por *falta de vontade* ou *compulsão*. Em 2 Coríntios, isto é descrito novamente em outras palavras interessantes: Não que sejamos competentes de nós mesmos para atribuir algo a nós mesmos, mas que sejamos competentes de Deus, que também nos fez competentes para servir a Nova Aliança, não da letra, mas do Espírito. Pois a letra mata, mas o Espírito dá vida. (Cf. Sociedade Bíblica Alemã 1999, p. 206f. NT) Pela palavra *viva* neste contexto entendo a alegria e a força interior que o cristão crente experimenta por causa do poder do Espírito Santo.

Educação Para A Moralidade

Se falamos de uma educação para a justiça, então estamos tratando de uma determinação material de objetivos na educação. A tese básica de um livro dos autores Aufenanger, Garz e Zutavern intitulado Educação para a Justiça diz o seguinte: A justiça pode ser ensinada e o comportamento justo pode ser encorajado.

A afirmação de que a justiça pode ser ensinada deve, portanto (...) ter outro significado. Esta afirmação mais abrangente inclui o postulado de que a educação para a justiça aqui apresentada não procede de forma doutrinária, ou seja, não impõe ou mesmo "impõe" normas e valores a crianças e adolescentes (e possivelmente também a adultos), mas meramente segue o desenvolvimento individual dessas pessoas e promove esse desenvolvimento através de medidas justificáveis no âmbito da interação educacional (Cf. Aufenanger et.al. 1981, p. 9).

Basicamente, deve-se dizer que a idéia desta demanda tem origem em Kohlberg, cujo paradigma é o desenvolvimento como objetivo da educação; isto requer uma didática estrutural-genética: nesta didática, em vez de conteúdo, os componentes estruturais - morais são o foco da aprendizagem. A moralidade é assim equiparada à justiça. Ele fala de educação democrática e assume que o desenvolvimento moral não pode ser promovido apenas pela adoção de conceitos e atitudes morais, mas apenas pelo processamento discursivo de problemas que surgem quando os princípios morais são implementados na vida cotidiana (escolar). Os princípios morais gerais só podem ser compreendidos e aprendidos através de sua aplicação em contextos sociais concretos. O julgamento moral se desenvolve exclusivamente pela superação de conflitos, também dentro e com a escola, que faz parte da sociedade e de nossas vidas. A participação democrática no processo de educação é tanto uma meta quanto uma condição para seu sucesso. Através deste julgamento moral e do fazer, que está ligado a muita reflexão e discussão, os (jovens) assumem certos valores como próprios (Cf. Lind/Raschert 1987, p. 8).

O pressuposto central é que educação e democracia são interdependentes; processos educacionais bem sucedidos são uma condição prévia necessária para a realização de uma sociedade democrática. A compreensão dos direitos e padrões gerais estabelecidos nas constituições do mundo ocidental e correspondentes à quinta etapa do julgamento moral deve chegar a todos os cidadãos. Kohlberg (1987) é principalmente orientado para a educação moral de DEWEY, que é apresentada em termos de psicologia do desenvolvimento, e o modelo de Durkheim de educação coletiva de orientação sociológica (Cf. Baumann 1987, p. 173)
Nos países de língua alemã, Aufenanger et.al. tentaram encontrar uma justificativa para a aplicação legítima desta abordagem, ou seja, o desenvolvimento posterior e superior da capacidade de fazer julgamentos morais na escola. A este respeito, eles argumentam de duas maneiras:
Tanto a competência para a autodeterminação quanto a competência social devem ser promovidas. Estes dois aspectos fazem justiça tanto para o indivíduo quanto para a sociedade. Ambos levam à capacidade de agir de forma flexível. A um sujeito que possui as habilidades acima mencionadas é atribuída uma identidade ego, ou com uma expressão clássica, maturidade (Cf. Aufenanger et.al. 1981, p. 33f.).
As autoras utilizam vários exemplos para mostrar como é possível às professoras ensinar justiça; (Cf. Lippitz 1998, p. 134) também é importante que as professoras estimulem processos de decisão de valor, em que os alunos recebam impulsos que lhes permitam alcançar um nível mais elevado de desenvolvimento de valor (Cf. ibid., p. 142)
Mesmo nas escolas convencionais, um clima propício ao

desenvolvimento pode ser criado se os métodos forem aplicados em todas as disciplinas e em todas as disciplinas. Espera-se que os professores estejam muito familiarizados com a teoria de Kohlberg, para ganhar experiência em sua aplicação e para tentar responder sensivelmente à respectiva situação e ao respectivo estágio de desenvolvimento dos alunos (Cf. ibid., p. 11).

Como medidas pedagógicas concretas, os educadores nomeiam, por exemplo, estímulos que podem fazer avançar o processo de julgamento moral. Aqui, a idéia é tomar um incidente na escola como uma ocasião para uma discussão, que por sua vez pode fornecer impulsos para o desenvolvimento da consciência moral de cada aluno. O professor tem a tarefa de tornar uma situação de dilema clara para toda a classe. O julgamento moral e a ação não são aprendidos, mas se desenvolvem em interação através da geração de conflitos cognitivos; portanto, o desenvolvimento em si é o objetivo da educação (Cf. ibid., p. 15). Por meio de comparações com situações auto-experientes ou construídas, é preciso chamar a atenção para situações morais (Cf. ibid., p. 26).

Em resumo, o objetivo da educação moral é estimular o desenvolvimento de idéias de justiça. Uma educação moral consistente leva a novas exigências com o objetivo de um *ambiente moral e justo* na escola. A idéia é que a ação moral dos indivíduos ocorre sempre em um contexto social. Este contexto exerce uma forte influência sobre as decisões do indivíduo (Cf. ibid., p. 102ff.)

Fritz Oser se colocou a questão das possibilidades e limites da implementação do conceito de Kohlberg nas escolas. Ele nomeia quatro formas hierarquicamente ordenadas de implementar a abordagem (Cf. ibid., p. 45ff.).

Uma possibilidade já mencionada é a discussão de dilemas morais e sociais. Exemplos destes dilemas podem ser encontrados em histórias da literatura ou em eventos atuais da vida (escolar) ou da vida cotidiana de ensino. Outra forma é a integração do método do discurso nas matérias ensinadas, por exemplo, história e estudos sociais, filosofia, história da literatura ou religião. Aqui os textos devem ser preparados de tal forma *que o ponto de vista moral seja levado em conta* (Cf. ibid., p. 49).

Um terceiro tipo é o compromisso especial dos cursos dentro ou fora das escolas, para que o conhecimento *moral* seja expandido. Nesses cursos, o julgamento moral deve ser estimulado em conjunto com outras questões de valor. Como o objetivo de implementação mais ambicioso, o educador menciona o estabelecimento de Comunidades Justas - Comunidades em escolas-modelo ou grupos-modelo. Esta forma implica ação, as condições-limite da escola, o clima moral e os conteúdos de forma holística. Estas pessoas atuando em tais Comunidades Justas realizam um trabalho pioneiro cientificamente controlado.

Se e como esta abordagem pode ser implementada com sucesso depende de várias condições prévias (Cf. ibid., p. 46f.):
Atitude do pedagogo: Ele deve esperar que uma criança de qualquer idade seja capaz de assumir responsabilidades e assumir compromissos e ser capaz de perguntar e responder à questão da justiça.
Método de trabalho do educador: Ele tem que *prover* situações ou articular situações já existentes que permitam atitudes abertas ao problema da justiça e agir de forma justa. Ele não deve desempenhar o papel de conferencista, mas deve apoiar o aprendizado independente relacionado à idade sobre a situação moral.
Rejeição de moralizantes: Oser chama isso de o requisito mais difícil para a abordagem genética estrutural. O pedagogo - no papel de líder da discussão - trata da situação concreta, ele participa diretamente, mas sua opinião é apenas uma entre muitas.
Etos do educador: Com isto se entende a obrigação de compreender a provisão positiva e a justiça para com a criança.

DR. NORBERT HEGER

Estratégias De Educação Moral

Felix von Cube lida com as estratégias de educação moral e apresenta suas conclusões da seguinte forma:

Para restaurar o equilíbrio comportamental - ecológico e sócio-econômico e mantê-lo, pelo menos três das seguintes estratégias devem ser educativas: Desejo de realização, atuando em conjunto, criando reflexão. A fim de evitar o mimo a longo prazo, o próprio esforço deve ser experimentado com prazer. Csikszentmithalyi provou que isto é possível com montanhistas, cirurgiões, cientistas, artistas, esportistas, artesãos e outros. (Cf. Csikszentmihalyi 1977 citado em NCLI1M11111 et al. 1999, p. 124) O prazer está na transformação da incerteza em segurança. (Cf. Cube 1995 citado por Neumann et al., p. 124)

A estratégia da *Lust an Leistung* é projetar escolas, treinamentos e o mundo do trabalho de tal forma que sejam estabelecidos desafios apropriados que o destinatário possa superar com sucesso. A ação conjunta não só fortalece os laços, mas também leva à competência social, especialmente à vontade de moralidade social e humana. É estrategicamente importante que o trabalho no grupo seja vivenciado com prazer. Isto, por sua vez, é conseguido através de novos grupos - desafios específicos, através do reconhecimento pessoal dentro do grupo, e através do fortalecimento dos vínculos. A ação conjunta pode ser organizada em família, escola, tempo livre e no mundo do trabalho; as abordagens são cada vez mais reconhecíveis.

A terceira estratégia diz respeito à reflexão, especialmente a reflexão sobre as ações morais (e imorais) dos seres humanos. O centro desta reflexão é a reflexão sobre os perigos da agressão

extra-social e, portanto, sobre os perigos da exclusão e da seg-
regação dos escritórios de advocacia. (Cf. Neumann et.al. 1999, p.
124)

2.4 Abordagens pedagógicas para a educação do ser humano

Conceito Educacional De Acordo Com Hentig:

Hentig (1996) assume que a resposta para a suposta ou real desorientação de nós humanos é a educação e não a ciência, não a informação, não a sociedade da comunicação, não o armamento moral e não o estado de ordem. (Cf. Hentig 1996, p. 11)

Werner Lenz (2000), em minha opinião, justifica muito apropriadamente a falta de orientação existente na sociedade com as palavras: As autoridades tradicionais e as instituições que dão valor estão perdendo sua influência social. As rápidas mudanças sociais aumentam a necessidade de orientação.

(Cf. Lenz 2000, p. 22 1)

Em sua opinião, a busca de orientação é uma das tarefas mais importantes da educação (Cf. Lenz 1999, p. 79. Wieser 1999, p. 28). Para a determinação da educação, que segundo Hentig (1996) é a resposta à desorientação, a canonização dos bens educacionais, a decisão por uma certa concepção do homem, a análise das condições de vida presentes e futuras (para determinar as *qualificações* requeridas) são igualmente inadequadas.

De acordo com sua descrição, por um lado o homem se educa, por outro lado a vida educa e ele afirma que a escola transformou a educação em educação escolar e que na civilização científica isto se tornou o meio e o critério das carreiras acadêmicas.

Hentig conclui, portanto: O retorno à educação é pedagogicamente necessário - um passo à frente. As pessoas realmente precisam de educação. Há padrões comuns e ocasiões adequadas para a educação devida a todas as pessoas, o que deve ter conseqüências para a estrutura de nosso sistema educacional. Se a aprendizagem institucionalizada for adequadamente graduada, ambos os elementos da educação - o platônico e o pragmático - podem entrar em seu próprio ritmo. A escola superior é o estágio do conhecimento *propedêutico*, a escolha da ocupação e a transição para a formação profissional. As matérias da escola convencional são ocasiões úteis para a educação imaginada. Toda educação é educação política: uma introdução contínua, ainda que encenada, à polis.

Hentig pede que a educação seja pensada em um sentido conciso e, se isso falhar, pelo menos para evitar a equação comum e irrefletida (educação = resultado da escolaridade obrigatória).

(Cf. Hentig 1996, p. 1 1 f.) Em seu livro *Die Schule neu denken*, Hentig (1993) dá respostas concretas à pergunta: Por que se deve ir à escola? (Cf. Hentig 1993, p. 209f.):

Hentig vê a escola antes de tudo como um espaço de vida, ao lado de espaços de vida familiares - e - apartamento e rua - e vizinhança e natureza.

Os seguintes *impulsos e movimentos* devem, portanto, ser permitidos na escola: ouvir, ouvir, sonhar, aprender a mover-se, mover-se, ficar na ribalta; perseguir uma predileção comum em pares, mostrar algo um ao outro, discuti-lo; retirar-se da comunidade; se não houver outra maneira: sair para a sebe do jardim ou para um reino de fantasia; lidar literalmente com os elementos; fazer e manter um fogo, represar água, cavar um buraco profundo; construir uma cabana ou pedir uma cama ou cuidar de um animal; cozinhar juntos e comer o que cozinham juntos; e depois lavar-se; descansar, ficar quieto, ler com concentração; brincar; ser ternos um com o outro; observar algo, observar os outros, seguir sua curiosidade; Celebrar festivais, atuar, cantar juntos, dar um ao outro algo que vocês fizeram antes.... e tudo isso além das atividades escolares habituais: escrever, ler, calcular, desenhar, dar aulas, arrumar.

Em segundo lugar, no conceito da escola de Hentig, os alunos experimentam as características mais importantes de nossa sociedade: nossa sociedade protege a liberdade da pessoa; afirma a diversidade de opiniões, objetivos e modos de vida - é pluralista; respeita a dignidade do indivíduo. Isto compõe a riqueza de nossa vida, mas também faz parte de nossos problemas. (Cf. ibid., p. 213)

Em terceiro lugar, Hentig apresenta a tese: A escola como espaço de experiência é ao mesmo tempo também um lugar onde o indivíduo pode compreender os benefícios da necessidade e o preço de viver na comunidade. A escola é uma polis. O modelo desta comunidade ensina as condições básicas de convivência pacífica, justa, regulamentada e responsável e todas as dificuldades que isto causa. A comunidade exige ordem, autodisciplina, acordo sobre os propósitos e limites de estarmos juntos. Comunidade também significa ser mais forte, sentir-se seguro, divertir-se juntos. (Cf. Hentig 1993, p. 216)

Após esta terceira tese, Hentig se refere à pessoa inteira: Se a escola é um espaço vivo, a pessoa inteira deve ser capaz de se desenvolver nela. Na forma de escola de Hentig, portanto, tenta-se substituir o máximo possível de ensino pela experiência ou complementá-la com a experiência. Aprende-se, por assim dizer, na escola e na vida que nela se desenvolve, não apenas na escola - como se costuma dizer ou pensar.

O termo *aprendizado holístico* tornou-se estabelecido para isto. Neste contexto, Hentig também assinala que a escola, que tem em mente as muitas "pessoas inteiras" que nela vivem e aprendem, não pode funcionar de acordo com um plano rígido e administrado de forma centralizada. Acima de tudo, deve ser permitido cometer erros - assim como os próprios alunos. Cometer erros é parte da vida. Hentig enfatiza: Não se deve reprimir ou encobrir o erro e certamente não se deve desencorajar a criança.
(Cf. ibid., p. 220f.)

A penúltima tese de Hentig expressa a seguinte linha de pensamento: A escola é uma ponte entre a família nuclear, na qual a criança cresceu em idade pré-escolar, e os sistemas de vida social mais organizados em massa - os sistemas de educação, ocupação, consumo, dominação, tráfego e informação e outros. A escola é, portanto, um meio termo entre o mundo privado anterior com parentes, amigos, vizinhos de um lado e o público social do outro; a escola é um meio termo mesmo na dureza das exigências e conseqüências - ainda meio termo, ainda não muito sério. A escola não deve ser um santuário, mas também deve impedir que a realidade atinja a vida das crianças com toda a força. (Cf. Hentig 1993, pp. 222f.)

Finalmente, Hentig assinala que a escola como espaço de vida e experiência é, no entanto, uma escola - um lugar onde importantes conhecimentos são adquiridos, habilidades são desenvolvidas e praticadas, idéias são ordenadas. Os alunos são preparados para a vida após a escola; eles aprendem como a sociedade avalia seu desempenho, que papéis e tarefas estão disponíveis para eles, que oportunidades eles têm e o que não têm. E também no fato de que a escola faz um esforço especial para diagnosticar e prever as habilidades de seus alunos para lidar com esta ou aquela escola secundária ou treinamento. Ela os ajuda a fazer uma escolha sensata entre as diferentes carreiras - as profissões e as instituições de treinamento. (Cf. ibid., p. 225)

Hentig (1999) conclui: A pedagogia não existe para (...) colocar o mundo em ordem ou mesmo para melhorá-lo. Ao contrário, ela ajuda a próxima geração a crescer em sua cultura e compreendê-la; é necessário fazer este esforço para cada criança individualmente - de acordo com suas possibilidades: suas experiências anteriores, suas habilidades, sua situação de vida. (...) Pedagogia e ensino não têm nada a ver com cura. Seus esforços se baseiam nas pessoas (as crianças) e nas circunstâncias (a sociedade) como elas são. Eles não consertam um objeto, eles ajudam um sujeito. (Cf. Hentig 1999, p. 52f.)

Tanto por uma descrição deste conceito educacional de acordo com Hartmut von Hentig, que me parece ser uma variante possível, especialmente com relação à questão desta tese: Como

DR. NORBERT HEGER

uma pessoa se torna *boa*?

Os Princípios Básicos Da Educação Das Pessoas, De Acordo Com Fröbel

Em princípio, o conceito educacional de Fröbel (1833) é caracterizado pelas seguintes características (Cf. Scheveling 1965, p. 33)

Trata-se de educação e treinamento:
n para a religião
n para criar, exercitar a eficácia,
n para um reconhecimento e conhecimento profundo, unificador e vivo;
n para e por si só,
n através e para a família,
n através e para a vida pública, o público;

É característico que o objetivo da educação do homem é a unificação com Deus, com a natureza e com a humanidade. (Cf. Scheveling 1965, p. 34f.) Fröbel (1846) assinala, no entanto, que segundo este conceito o homem passa primeiro pela unificação com a mãe, com os pais e com os cuidadores de sua vida semelhantes a eles. (Cf. Heiland 1992, p. 11)
Esta educação se baseia na percepção primordial e básica direta, que repousa em cada ser, apenas nos mais diferentes níveis de consciência, de que toda existência surgiu de ser ela mesma, de ser original, de Deus. Esta educação se baseia no reconhecimento, no cuidado e na compreensão do ser humano como uma centelha de Deus. Ela é realizada através da convicção de que o universo, o mundo, a natureza, a revelação imediata de Deus, seu ser e seu ser, a auto-revelação imediata de Deus, e que o homem, como apareceu e apareceu, é ele mesmo uma parte essencial dela. (Cf. Sch-

eveling 1965, p. 34f.)

Em outro lugar, Fröbel (1846) descreve-o da seguinte forma: Esta base primordial, princípio primordial e fonte primordial de tudo o que existe é o ser, o ser e a própria vida que é consciente em si e através de si; é o ser que é consciente, autodeterminante, em si mesmo intimamente unido, portanto bom, Deus. (Cf. Savior 1992, p. 5)

Esta educação, como ensino e instrução, se liga ao mundo externo que envolve a pessoa, a criança, o aluno, o tempo e a história em que a criança, o aluno, se encontra, no qual ele foi colocado pelo todo.

Esta educação compreende e educa o ser humano, a criança como pertencente a Deus, à natureza e à humanidade. Ela conduz assim à prática e à proclamação da vontade de Deus como um só com sua própria vontade e, portanto, descansando em Deus, na natureza e na humanidade, através e em demonstração, da proclamação da natureza e da vontade de Deus de servir a Deus. (Cf. Scheveling 1965, p. 34f.)

É importante que a lei seja sempre levada ao conhecimento da criança e que o cumprimento da lei só seja exigido na medida em que a força e a vontade da criança já esteja desperta. (Cf. Heiland 1992, p. 19) Portanto, de acordo com o estado de consciência, ao mesmo tempo despertando a vontade, a força e a capacidade da exigência legal e que, por tudo isso, o cumprimento imediato (Cf. ibid., p. 19)

Fröbel (1833) afirma que nada é grande demais e nada é pequeno demais para esta educação. Através desta educação, o homem, um indivíduo, um ser especial, pode se desenvolver como um ser geral, completo.

Esta forma de educação não destrói o indivíduo, o especial; pois ela mostra e ensina o todo no indivíduo, o geral no especial. Ela mostra e ensina que o geral e alguns nunca podem ser e aparecer de outra forma que um especial e um indivíduo. É, portanto, uma forma verdadeiramente cristã, verdadeiramente fraterna e humana de ensinar e educar. (Cf. Scheveling 1965, pp. 36-41)

Esta educação torna o aluno e aluno, de acordo com sua formação, lingüisticamente puro e rico em linguagem, linguisticamente perspicaz e eloqüente para a vida, para sua profissão, e como ela o leva a penetrar e adquirir o ser interior, a essência da riqueza de pensamento e experiência da raça humana, que é estabelecida em todas as línguas. (Cf. ibid., p. 44)

Segundo Fröbel (1833), esta educação ensina o pensamento e as leis do pensamento da quantidade, forma e tamanho, seu conteúdo, efeito e vida de acordo com eles através do espaço e através do tempo no e no espaço, no e no tempo. E, assim, traz um pensamento seguro, claro, logicamente vivo e sensual, descritivo. (Cf. Scheveling 1965, p. 44)

Este método de educação reconhece a uniformidade e a igualdade das estruturas do mundo do pensamento auto-desenhado e as Formações do mundo da criação que o rodeia como *criações*. (Cf. ibid., p. 44)

O bem estar ensina esta forma de educação a se manifestar na vida e na vida em todas as situações e circunstâncias da vida através e na vida habitual e sedentária, no respeito próprio e na apreciação dos outros, especialmente nutrindo e desenvolvendo o divino em todas as manifestações da natureza e da vida humana, para que a vida em sua bondade, o homem novamente bom e o próprio Deus em sua bondade seja reconhecido e louvado. Além disso, ensina a formação legal e constante do corpo, do corpo e de seus membros, assim como de suas ferramentas sensoriais.

Desta forma, ensina a fazer tudo em tudo e através de tudo interiormente externo e externamente interno, a colocar ambos em igualdade, a encontrar a equação na vida para ambos, igual à demanda básica e original à qual o mundo deve sua existência. O conceito educacional de Fröbel leva à auto-superação e à existência, à autopreservação, a estar em casa na vida, a dominar a natureza e a vida através do discernimento e da energia educada e criativa. (Cf. Scheveling 1965, p. 45f.)

Funciona de tal forma que o homem em todas as situações e circunstâncias faz pelo menos o que é decente e decente (ou seja, aquilo que o mostra em toda parte e sempre como um membro vivo, unificador de um grande todo harmonioso e em harmonia com ele), e desta forma ele fortalece e controla seu corpo, que é fortalecido e controlado pela prática apropriadamente exigida, e se move em toda parte como portador e revelador do ser humano. (Cf. Scheveling 1965, p. 46f.)

Helmut Heiland (1993) formula em princípio: com Fröbel o estudante em toda a gama de seus poderes, mas acima de tudo como poder espiritual, ao compreender a realidade material-social (natureza e mundo vivo) é estruturalmente permeado. (Cf. Heiland 1993, p. 152ff. citação de Heiland 2002, p. 35)
Entretanto, deve ser mencionado neste ponto que este método de educação não é precipitado e não perde nada. Ele não ocupa nenhum ser humano além da medida atual de seus poderes, suas habilidades, nem desenvolve nenhum ser humano além desta medida. Por esta razão, ele faz toda pessoa feliz: (Cf. Scheveling 1965, p. 46f.).

A fim de dar uma expressão ainda mais forte ao caráter do modo de educação da Fröbel, gostaria agora de mencionar as seguintes áreas às quais esta educação pertence (Cf. ibid., pp. 47ff.):

1. ela pertence à religião, baseia-se na religião, na unidade e na unidade, no poder, na sabedoria e na bondade, na verdade e na luz, no amor e na vida Ela tem sua origem na religião cristã, a religião de Jesus.
2. ela pertence à Igreja, pois sua semente foi nutrida na Igreja em tenra idade

3. pertence à escola, porque primeiro foi explicado e mantido nas coisas dadas pela escola, e depois desenvolvido e treinado sobre elas. Aqui lhe foi mostrado o geral em particular, o separado no unido e unido, o grande no pequeno e o menor, e assim esta visão da vida foi cultivada e desenvolvida mais e mais.

4. ela pertence à vida e à experiência, pois cresceu a partir dos fatos e dos resultados da vida. É encontrada na vida e é sentida através dela, mas não inventada. É pensada na vida e através da vida, mas não é inventada.

5. Pertence à vida criativa, pois nasce da autocriação observada e da autodoação na vida, e torna o homem capaz e o treina antes de qualquer profissão criativa e de desempenho.

6. Pertence à ciência, pois é a conseqüência de um pensamento de toda uma vida que saiu da unidade e foi trazido de volta à unidade.

7. pertence à arte, pois nasce do esforço e conclui com ela

8. pertence ao amor como à mente, pois germinou do amor do homem, da família, da tribo, do povo, da humanidade, de Deus

9. Ela pertence à família e à domesticidade, ao rebanho paterno, à pátria;

10. Não pertence a um tempo momentâneo, temporário, mas a todo tempo; pois é o resultado de todo o tempo, da compreensão da história em seu significado e essência.

Fröbel (1833) conclui enfatizando que qualquer pessoa com um olho saudável, um coração puro e uma mente piedosa é bem-vinda a esta educação. (Cf. Scheveling 1965, p. 50)

Hans Zimmermann (1914) resume o conceito de educação humana de acordo com Fröbel em quatro pontos:

Em primeiro lugar, a educação humana é um treinamento contínuo e um treinamento adicional do próprio poder espiritual como aquele que surgiu de Deus. Além disso, é o constante treinamento e aperfeiçoamento do homem como filho de Deus, seu Pai; segundo, o desenvolvimento e aperfeiçoamento do corpo como instrumento desse espírito; e terceiro, a correta compreensão de todos os seres humanos. Objetos do mundo exterior; quarto: a designação correta destes e de suas condições. (Cf. Zimmermann 1914, p. 179)

Fröbel (1846) faz mais uma referência a seu próprio conceito educacional:

Além do que já foi mencionado, esta educação estabeleceu a tarefa de não apenas cercar a criança com um bom exemplo, mas acima de tudo fazer a criança perceber, sentir e perceber o que está errado sem deixar a criança passar pelo vício e pela culpa, sem deixar a criança se tornar defeituosa; deixar a criança sentir e perceber a essência e as conseqüências do vício e do pecado sem que a criança tenha que passar pelo vício e pelo pecado em si mesma. (Cf. Saviour 1992, p. 20)

Em resumo, Fröbel (1846) afirma: "Quanto mais cedo entrarmos neste caminho, mais cuidadosa e firmemente o seguiremos, mais seguros, mais claros e mais determinados, mais pacífica e alegremente alcançaremos nosso objetivo, e isto da maneira que todos os amigos do homem e filhos de todos os povos e de todos os tempos têm desejado e em parte têm esperado; no espírito de Lutero e dos grandes pensadores alemães até os novos tempos, no espírito de Jesus, o educador da humanidade, i.e. depois do curso que Deus nos mostrou através da natureza, da história dos povos e dos indivíduos, através das experiências de vida e da reflexão de cada indivíduo, bem como através da revelação, e que até agora em sua contínua revelação na natureza, na história e na vida e no próprio espírito e mente de cada ser humano educou a raça humana para seus objetivos, a humanidade para seu chamado e seu destino. (Cf. Savior 1992, p. 25f.)

Especialmente notável me parece o fato de que o conceito educacional de acordo com Fröbel está muito ligado ao ensino cristão e, portanto, na minha opinião, as descrições do caminho para uma *boa* pessoa são muito semelhantes ou se complementam bem, uma vez que princípios espirituais comuns estão presentes como base. Entretanto, em seu conceito Fröbel concretiza o componente pedagógico e não na apresentação puramente bíblica no sentido do ensino cristão (cf. Capítulo 3.3.1).

Tempos Modernos

Werner Lenz (2000) refere-se ao claro propósito do universo, como descrito por Humboldt (1767 - 1835): educação para a individualidade. A tarefa pedagógica associada a isto era apoiar os indivíduos a se educarem a si mesmos. Isto resultou em moralidade, etos e compromisso com a comunidade. Mas hoje uma assembléia de indivíduos domina (sociedade) com interesses diferentes. (Cf. Lenz 2000, p. 219)

Basil Bernstein (1977) também descreveu esta situação já nos anos 70: Ao contrário das comunidades pré-modernas, as sociedades modernas são menos unidas por um cânone de valores uniformes, que as tornam rígidas, mas dependem mais do reconhecimento das diferenças entre os indivíduos. (Cf. Bernstein 1977, p. 106) Além disso, Werner Lenz menciona que as autoridades tradicionais e as instituições que dão valor estão perdendo sua influência social. A rápida mudança social aumenta a necessidade de orientação. Isto traz posições fundamentalistas mais fortemente em jogo novamente. (Cf. ibid., p. 221)

O final de nosso século será marcado pela auto-realização. (Cf. Englert 1997, p. 3)

Elke Gruber (2001) é da opinião que nós, humanos, estamos nos afastando cada vez mais dos confrontos com os outros em direção a uma preocupação com nós mesmos. A fim de nos mantermos atualizados em nossos negócios diários, precisamos nos adaptar e nos orientar constantemente. (Cf. Gruber 2001, p 199f.)

Anthony Giddens (1992) também trata dos desenvolvimentos da modernidade tardia e menciona os seguintes fenômenos característicos desta época: fragmentação e pluralismo com simultânea e globalização. Fragmentação e unificação devem ser entendidas como aspectos dialéticos da mudança social que mudam a ordem global. (Cf. ibid., p. 17)

Uma outra característica existencial de Giddens é que tudo o que foi válido até agora é duvidado, resultando em desorientação, problemas para encontrar significado e altos riscos.

Os processos de modernização trazem vencedores e perdedores com eles. A polaridade entre estes grupos está aumentando. Além das tendências individuais de fuga para as seitas, os adivinhos ou o desaparecimento da desigualdade social, aumenta o perigo da divisão social, o que traz insatisfação e agitação. (Cf. Lenz 2000, p. 222)

Richard Sennett (2002) também se refere ao ponto da desigualdade, argumentando que a sociedade moderna tentou apagar o reconhecimento da desigualdade da mente das pessoas. Tratou a desigualdade como um fato nú e não como um desempenho. (Cf. Sennett 2002, p. 258)

De acordo com Richard Sennett (1998), o sistema do capitalismo moderno irradia indiferença. Ele o faz nos resultados do esforço humano, bem como nos mercados de tudo ou nada, onde dificilmente existe qualquer ligação entre risco e recompensa. O vencedor leva tudo isso. Ele irradia indiferença na organização da economia, onde a falta de confiança não desempenha mais um papel, onde as pessoas são tratadas como se fossem facilmente substituíveis ou supérfluas. Tais práticas diminuem de forma visível e brutal o sentimento de significado pessoal para todos, o sentimento de ser necessário para os outros. (Cf. Sennett 1998, p. 201)

De acordo com Werner Lenz (2000), a individualização demonstra ser uma compulsão social. Ela produz contradições, porque, por um lado, ganhamos liberdade das velhas autoridades, mas ao mesmo tempo nos sentimos desorientados; "invocamos a racionalidade, mas reconhecemos como o fundamentalismo e o irracionalismo se expandem". (Cf. Lenz 2000, p. 222f.) Com a individualização, a responsabilidade pelas decisões sobre o indivíduo. Os indivíduos são livres para tomar suas decisões. Isto os coloca sob pressão para tomar decisões constantes e para assumir a responsabilidade pelas conseqüências. (Cf. ibid., p. 226)

Segundo Elke Gruber (2001), no entanto, esta liberdade está associada a um certo grau de dependência: O homem se encontra em uma sociedade na qual ele tem uma grande liberdade criativa, mas ao mesmo tempo sente dependência. (Cf. Gruber 2001, p. 52) A modernização torna as pessoas mais livres, mais inseguras. (Cf. Van der Loo, van Reijen 1992, p. 184)

Em termos de flexibilidade, Werner Lenz (2000), nosso ambiente em rápida mudança, nossa atenção constante aos detalhes em constante mudança, traz instabilidade. Já que temos que aprender a desaprender constantemente para julgar e tomar uma posição. (Cf. ibid., p. 223)

Em conexão com as tendências, Werner Lenz também mostra que novos conceitos de tempo estão ganhando aceitação. Os tempos de educação são comprimidos. Em uma vida única, os desejos são imediatamente realizados. Tempo é consumo e o tempo ajuda a fazer o melhor uso da própria vida. (Cf. ibidem)

Segundo Werner Lenz (2000), existe um *contrato psicológico* que está especificamente relacionado com o mundo do trabalho. Só estou disposto a trabalhar para a empresa pelo tempo que ela precisar. Sua contribuição é capacitar as pessoas para as mudanças das necessidades de trabalho. (...) Trabalhe o máximo que puder por curtos períodos de tempo, não se identifique com sua empresa e mude seu emprego a tempo. (Cf. Lenz 2000, p. 224)

De acordo com Richard Sennett (1998), o lema *nada a longo prazo* poderia ser o sinal mais visível desta mudança. (Cf. Sennett 1998, p. 25) O sociólogo Mark Granovetter (1993) o formula da seguinte forma: As redes institucionais modernas são caracterizadas pela força dos laços fracos. Formas de comunidade fugidia são mais úteis para as pessoas do que conexões de longo prazo. Fortes vínculos sociais, como a lealdade, perderam seu significado. (Cf.

Granovetter 1993, p. 1360 - 1380 tit. n. Sennett 1998, p.28)

Sennett (1998) acredita que *nada a longo prazo* desorienta qualquer ação, quebra os laços de confiança e compromisso e mina os elementos mais importantes da auto-estima. (Cf. Sennett 1998, p. 38)

O capitalismo de curto prazo ameaça o caráter dos seres humanos, especialmente aqueles traços de caráter que unem as pessoas e dão ao indivíduo um senso estável de si mesmo. (Cf. ibid., p. 31)

O Conceito De Aprendizagem Ao Longo Da Vida

De acordo com Werner Lenz (2000), o conceito de aprendizagem ao longo da vida ou ao longo da vida está se tornando cada vez mais importante. Ele substitui conceitos anteriores individualistas e humanisticamente orientados. A educação, no sentido do Iluminismo, está perdendo influência. O que é necessário é uma aprendizagem que traga conhecimentos úteis e úteis. Em uma Sociedade, que será ainda mais dependente do conhecimento no futuro, conta cada vez mais com quem pode organizar o conhecimento "certo". (Cf. Lenz 2000, p. 228)

Elke Gruber (2001) descreve o conceito de aprendizagem ao longo da vida da seguinte forma: A aprendizagem ao longo da vida não é apenas entendida (...) como uma estratégia convencional de aquisição individual de conhecimento, o conceito aponta muito além disso: ele pode ser visto como uma expressão da crescente pedagogização de amplas áreas da vida nas sociedades modernas. (Cf. Gruber 2001, p. 139)

Elke Gruber formula o lema a este respeito: Apesar de toda a confusão e incerteza, uma coisa é certa: devemos constantemente reaprender, aprender e desaprender. (Cf. ibid., p. 139)
Segundo Filla (1995), a aprendizagem ao longo da vida é agora considerada necessária e desejável por amplos setores da população. (Cf. por exemplo, Filla 1995 a,b)

O Conceito De Comportamento Atencioso

De acordo com Ryoichi Shibata (2000), a responsabilidade pelos outros tornou-se uma questão importante na sociedade moderna e individualizada. Tudo tem a ver com a coesão da comunidade e da sociedade e também com a medida em que se vive o respeito uns pelos outros, o amor ao próximo, o respeito pelos outros, a consideração e a responsabilidade pelo próximo. (Cf. Lenz 2000, p. 301f.)

Ação abnegada ou atenciosa significa participar dos problemas e das necessidades dos outros e interessar-se pelo resgate quando as pessoas se encontram em uma situação incômoda. (Cf. Eizenberg, Mussen, 1989, citado em Lenz 2000, p. 303)

Além de "conhecimento e aprendizagem" e "aprender a viver como ser humano" como objetivo de uma vida humana, "aprender a praticar" e "aprender a viver juntos" também são considerados importantes. Há uma relação importante entre a prática de ações altruísticas e o "aprender a viver juntos". Aprender a viver juntos, por outro lado, significa também aprender a exercer o altruísmo. (Cf. Lenz 2000, p. 303)

O economista Siegfried Katterle (1990) apresenta o conceito de empatia de acordo com Adam Smith da seguinte forma: A capacidade e a vontade de participar da situação de outras pessoas e de desenvolver compaixão de forma justa com seus sentimentos é adquirida e internalizada através do aprendizado social na comunicação interpessoal. Ela permite ao ator distanciar-se de seus papéis, permite-lhe refletir criticamente sobre seus próprios afetos e paixões, e é o núcleo de um mecanismo de avaliação e autocontrole sobre a adequação e decência de comportamento que é relevante para a construção de instituições. (Cf. Studienkreis Kirche/Wirtschaft 1990, p. 47)

Ludger Kühnhardt (1994) argumenta, neste contexto, que somente um sentido renovado de comunidade pode contrariar a solidariedade cada vez menor e o declínio do bem comum. (Cf. Kühnhardt 1994, pp. 13f. e 118ff.)
Nenhuma pessoa decente faz ou mesmo considera: por exemplo, abandonar seus filhos, cometer fraude de seguro, trapacear nos exames, saquear as contas de poupança de outras pessoas ou assediar sexualmente os subalternos. Também precisamos novamente de uma situação na qual muitas regras de conduta positivas - isto é, mandamentos - sejam válidas e aceitas sem nenhum "se" e "mas". (Cf. Etzioni 1995, p. 28r.)

Finalmente, devemos nos referir também a Anton Rauscher (1997), que enfatiza que a moralidade não é apenas um assunto do indivíduo, mas da comunidade. Renová-la na universidade não é suficiente para apelar para a consciência do indivíduo. (Cf. Rauscher 1997, p. 9)

Visão Resumida Da Pedagogia

A característica acima mencionada dos processos de modernização, a falta de orientação, é uma tarefa para certos educadores. A desorientação como conseqüência elementar desta perspectiva, o processo de individualização torna-se um problema básico das sociedades modernas. (Cf. Marotzki 1990, p. 21)
A questão que se coloca é esta: O que torna a individualização das

sociedades modernas tão importante, especialmente para as mulheres educadoras?

Bernhard Wieser (2000) vê a razão disso no fato de que o processo de individualização progressiva tem enormes conseqüências para a prática pedagógica e, portanto, também para a formação da teoria pedagógica. A conseqüência que ele (Wieser) considera mais importante para as educadoras é um estado de desorientação fundamental no qual o indivíduo moderno é colocado. (Cf. Lenz 2000, p. 316)

Neste contexto, Bernhard Wieser (2000) lida com as tarefas pedagógicas concretas:

Não há uma única tarefa de educação. As definições de objetivos na prática pedagógica são sempre relacionadas a situações e pessoas e a formulação de objetivos educacionais é freqüentemente derivada de descrições de problemas. (Cf. Lenz 2000, p. 326f.)

A ação pedagógica promete a solução de muitos problemas. Da felicidade individual à melhoria do mundo, as mais variadas tarefas da arte pedagógica são colocadas ao cuidado do indivíduo. (Cf. ibid., p. 328)

Wieser (2000) afirma basicamente que a determinação da tarefa pedagógica se torna uma questão de escolha. Pode-se, portanto, escolher uma ou outra variante, que estão disponíveis uma ao lado da outra e, em princípio, igualmente. (Cf. ibid., p. 329) Entretanto, a pluralidade e equivalência das alternativas postuladas no discurso pós-moderno não significa que seja completamente arbitrária a escolha que se faz, ao contrário. (Cf. ibid., p. 330)

Para Bernhard Wieser (2000), é essencial que a busca, e não o ensino da orientação seja uma tarefa pedagógica: A educação deve ser entendida como um processo de reflexão e não como uma instrução. Isto é legítimo se não se pretender ser universalmente válido, mas entendê-lo como uma oferta. Entretanto, segundo Wieser, isto não é tão simples, já que se trata de um paradoxo da prática pedagógica que se caracteriza por uma individualização progressiva: Uma educação que faz da busca de orientação sua tarefa uma tentativa de fazer o que é cada vez mais impossível. (Cf. ibid., p. 330f.)

O historiador David Landes (1999), em minha opinião, tira daqui a seguinte conclusão, formulando A única lição que aprendemos com isto é a necessidade de uma constante experimentação. Não é de se admirar. Não o perfeccionismo. Sem fim dos tempos. Devemos desenvolver uma fé céptica, evitar dogmas. escutar e observar bem, tentar esclarecer e determinar objetivos. Só então poderemos escolher os meios certos. (Cf. Landes 1999, p. 525)

Werner Lenz (2000) o vê como um programa educacional com o qual as contradições de nossa era moderna podem ser reconhecidas, vividas e sobrevividas. (Cf. Lenz 2000, p. 240)

2.5 Qual é o objetivo previsto?

Promessas Da Religião

Este capítulo serve principalmente para fornecer uma visão dos efeitos deste caminho para se tornar um bom ser humano para o tempo após a morte terrena (eternidade). Todos estão bem cientes de que o tempo da vida humana é limitado e que todos têm que morrer em algum momento, um mais cedo, o outro mais tarde.

A partir disto me surge a questão, se ou em conseqüência, que sentido faz opor-se às influências *más* nesta vida terrena e abrir-se para o *bem*.

A seguir encontraremos diferenças centrais entre as três religiões (cristianismo, budismo, islamismo). O futuro, que se apresenta nos respectivos pontos de vista, é em parte fundamentalmente diferente, mas dá uma contribuição essencial em primeiro lugar para a compreensão de todo o assunto e, em segundo lugar, para a escolha de uma pessoa para aderir a esta ou aquela direção.

O crente cristão tem seu objetivo último, a vida eterna, que se caracteriza pela imperecibilidade e glória. O apóstolo Paulo escreve a esse respeito na Epístola aos Romanos: Quem, segundo suas obras, dará a vida eterna a todos: vida eterna àqueles que, com toda paciência e boas obras, buscam glória, honra e vida eterna; mas desgraça e ira àqueles que são briguentos e desobedientes à verdade, mas obedecem à injustiça; tribulação e medo a todas as almas do povo que fazem o mal (...) (Cf. Sociedade Bíblica Alemã 1999, p. 174 NT)

Que esta descrição está relacionada ao futuro pode ser vista, por exemplo, a partir de alguns versículos de 2 Coríntios, nos quais Paulo se dedica aos fiéis em relação a esta questão:

Estamos sempre confiantes e sabemos que enquanto morarmos no corpo, estamos longe do Senhor, pois caminhamos pela fé e não pela vista. Mas estamos confiantes e desejamos antes deixar o corpo e estar em casa com o Senhor. Portanto, colocamos nossa glória nele, quer estejamos em casa ou no exterior, para que possamos ser agradáveis a Ele. Pois todos nós devemos nos manifestar diante do tribunal de Cristo, para que todos possam receber sua recompensa por tudo o que Ele fez em sua vida, seja bom ou mau. (Cf. ibid., p. 208 NT)

Em outras palavras, pode-se dizer que de acordo com este ensinamento é profetizado um julgamento final, no qual é tomada a decisão de como o homem passará a eternidade. Isto depende se a respectiva pessoa fez *o bem* ou o *mal* nesta vida terrena.

Neste ponto, deve ser salientado novamente que não se trata aqui do *bem* por seus próprios esforços, mas das *boas* obras que o Espírito Santo faz em um crente. (ver capítulo anterior)

Muitas vezes os dois extremos que prevalecem no sentido bíblico, após o Juízo Final, também são referidos no vernáculo como "céu" e "inferno". Estas expressões vêm da Bíblia: o termo *céu* também é encontrado em 2 Coríntios. Aqui nos falam de uma morada que espera o cristão após sua morte. (Cf. ibid., p. 208 NT) Ao *inferno* como contrapartida e, portanto, como castigo para todos aqueles que não viveram *bem*.
Isto é o que diz Mateus 5:29 quando fala do fato de que é melhor remover aquela parte do corpo que tenta uma pessoa para o *mal* do que o corpo inteiro ir para o *inferno* por toda a eternidade. (Cf. Sociedade Bíblica Alemã 1999, p. 7 NT)

Na Epístola aos Hebreus, *o céu* também é descrito como uma espécie de descanso eterno. De acordo com isto, este descanso existe, e quem veio para o descanso de Deus descansa de todas as suas obras, assim como o próprio Deus descansa. Também aqui é expresso que a realização do descanso de Deus só pode ser realizada através da obediência na fé. (Cf. Sociedade Bíblica Alemã 1999, p. 265 NT)

Abençoados são os mortos que morrem no Senhor a partir de agora, através da união com o Espírito Santo. Sim, diz o Espírito, deixai-os descansar de sua labuta: pois suas obras os seguem. (Cf. ibid., p. 290 NT)

Portanto, são fenômenos como glória, honra e descanso que estão prontos para o cristão crente no futuro. Mas o profeta Isaías acrescenta o seguinte ao acima exposto:

Os redimidos do Senhor voltarão (...) a alegria eterna estará sobre sua cabeça; a alegria e a alegria os tomarão, e a dor e o gemido fugirão. (Cf. Sociedade Bíblica Alemã 1999, p. 697 OT)

De forma semelhante, esta descrição também pode ser encontrada no *último* livro da Bíblia, a saber, *Apocalipse*:

(...) eles serão seu povo, e ele mesmo, Deus, com eles será seu Deus; e Deus enxugará de seus olhos todas as lágrimas; e não haverá mais morte, nem tristeza, nem choro, nem dor, pois as primeiras coisas já passaram. (Cf. ibid., p. 296 NT)

No *inferno* não haverá tal paz, pelo contrário, as pessoas que chegam lá sentem o oposto permanentemente: E a fumaça de seu tormento subirá para todo o sempre; e não terão descanso dia ou noite, (...) (Cf. ibid., p. 290 NT)

Para mim, esta é uma descrição inescapável do futuro que não permite um *meio-termo*. Passamos a eternidade ou no *céu* ou no *inferno*. Uma vida após a morte, que inclui tanto uma quanto a outra, não é, portanto, possível.

O mesmo se aplica ao Islã, considerando que nele também é anunciado um julgamento final. Annemarie Schimmel (1990) descreve isto em seu trabalho *A Religião do Islã*. Nesta hora do juízo final, os mortos ressuscitarão corpóreos e se perguntarão confusamente como será seu destino. Os incrédulos serão arrastados por forelocks e pés. (Cf. Schimmel 1990, p. 14f.)

Mas Annemarie Schimmel (1990) é também da opinião de que

Muhammad não é apenas o andrower e o admoestador, mas também o anunciador de boas notícias. O homem piedoso que vive de acordo com as instruções de Deus entrará no *paraíso* onde riachos de leite e mel fluem em jardins frescos e perfumados e amantes de virgens o aguardam. (Cf. Schimmel 1990, p. 15f.)

Em outro lugar, Annemarie Schimmel (1990) apresenta o tema do Juízo Final de forma ainda mais impressionante:
As ações do homem são pesadas pelo poder de Deus em uma escala enorme, cujos pesos são sementes de mostarda. O livro de escrituras é dado ao homem na mão direita ou esquerda, ou mesmo pesado. No fundo do inferno está a ponte que é mais afiada que uma espada e mais fina que um cabelo; os pés dos incrédulos deslizam sobre ela, e caem no fogo.
Mas os pés dos fiéis estão firmemente sobre ele, e eles atravessam para o lar eterno. No julgamento, as diferenças são feitas entre as pessoas. Com alguns há um acerto de contas, outros têm compaixão, alguns finalmente - antes de tudo os mártires - entram no Paraíso sem fazer contas. (Cf. Schimmel 1990, p. 76)
Com a designação de *mártir* deve ser apontada a concepção islâmica especial sobre ela: Ao contrário do cristianismo, no qual apenas o tolerante passivo é considerado mártir, no Islã também a pessoa ativamente engajada e lutadora obtém esta posição, se sacrificar sua vida na *missão*. (Cf. Halm 2000, p. 88)
Além disso, os confessores da unidade de Deus serão trazidos para fora do fogo depois de expiarem suas más ações. Nenhum confessor da unidade de Deus permanecerá no inferno. Haverá intercessão por esses malfeitores por parte dos profetas, estudiosos, testemunhas de sangue e fiéis.

Se alguém não tem intercessor, ainda será salvo do inferno pela graça pura se tiver um pouco de fé em seu coração. (Cf. ibid., p. 76f.)
Basicamente, então, deve ser dito que o muçulmano confia que será recompensado por suas *boas* ações, mas ele também teme punições por atos ilícitos. Mas ele sempre conhece a misericórdia

e a prontidão de Deus para perdoar. (Cf. Günther 1999, p. 242)

As semelhanças fundamentais de ambas as representações são impressionantes quando se olha de perto para o cristão, bem como para a descrição islâmica do futuro. Somente no curso posterior há diferenças em parte muito marcantes. Tanto em uma como na outra religião há este *Juízo Final* profetizado, que é decisivo para o futuro rumo do homem. Dependendo do fato de se ter cometido *boas* ou *más* ações, pode-se chegar ao *paraíso* (corresponde ao termo *céu* no cristianismo) ou ao *inferno*. Até agora, ainda há acordo entre os dois ensinamentos. Somente nos detalhes é que as diferenças se tornam aparentes: De acordo com as Escrituras, esta possibilidade de expiação a curto prazo por seus crimes no fogo não existe. Depende inteiramente de uma pessoa ter feito *o bem* ou o *mal* em sua vida terrena (ver acima), e com base nisso a decisão é tomada se alguém passa a eternidade no *inferno* ou no *céu*. (Cf. Sociedade Bíblica Alemã 1999, p. 208 NT)

Em Apocalipse, isto é descrito com as palavras: E nada de impuro entrará nele, e nenhuma das abominações fará abominação, nem mentirá; mas somente as coisas que estão escritas no livro do Cordeiro (nota do autor: os fiéis). (Cf. ibid., 1999, p. 296 NT)

As obras assumem assim um significado bíblico, por assim dizer, uma certa primazia. A única confissão ou fé, portanto, não é suficiente para ser salva. A fé sem obras está morta de acordo com este ponto de vista. (Cf. ibid., p. 275 NT)

De acordo com Annemarie Schimmel (1990), porém, na fé islâmica (conforme citado acima) ninguém é finalmente lançado ao fogo que tenha pelo menos um *grão* de fé. Embora esta punição temporária ocorra, depois disso eles têm um defensor para tirá-los do fogo. Caso contrário, eles serão salvos pela graça pura. Mas o pré-requisito para isso é sempre este mínimo (*grão*) de fé. Se não há confissão da unidade de Deus, o caminho para o paraíso permanece bloqueado e eles acabam no *inferno* para sempre. Aonde leva o caminho para uma *boa* pessoa no budismo, comparado com as representações anteriores do islamismo ou do cristianismo?

Michael Günther (1999) explica isso da seguinte forma: Vivemos em um mar de ciclos existenciais cuja profundidade e extensão são imensuráveis. Uma e outra vez as pragas do desejo e do ódio nos assolam - é como se estivéssemos constantemente sendo atacados por tubarões. (Cf. Günther 1999, p. 118)

Portanto, é característico para esta representação que não existem apenas no cristianismo como também no islamismo dois ciclos de existência (a vida terrena e a vida depois dela), mas no budismo trata-se de um *mar de ciclos de existência* em que as pessoas são sempre confrontadas com as *más* influências. Já a este respeito, este ponto de vista difere do cristianismo e do islamismo: É certo que ainda há consenso sobre o fato de que nesta vida terrena a humanidade é muito bem confrontada com as influências negativas e de acordo com a opinião das três religiões, todo crente é chamado a não ceder a isto, mas a fazer o *bem*. Entretanto, no segundo ciclo de existência (em cristão e islâmico: vida no *céu* ou no *paraíso*) não se encontrará (como já mencionado acima) nenhum fenômeno *maligno*. O *mar de ciclos existenciais*, *por* outro lado, é caracterizado pelo fato de que estas influências estão sempre presentes. Pode-se também olhar muito bem para a segunda possibilidade das duas religiões descritas em primeiro lugar, ou seja, que as pessoas passam a eternidade no *inferno*, onde só existe o *mal*. Mas o budismo difere das outras duas também nisso, porque nos ciclos de existência dos ensinamentos budistas não só o *mal* determina toda a existência, mas cada indivíduo tem sempre a possibilidade de fazer o *bem*. (Cf. Günther 1999, p. 118f.)

É certo que este ponto de vista é comparável à vida terrena segundo a descrição do cristianismo e do islamismo, no qual o homem também é obrigado a evitar o *mal* e a fazer o *bem*, mas não após a morte no segundo ciclo de existência, pois neste, a longo prazo, somente um existe separadamente (!) do outro.

Assim, no sentido budista, há um grande número de ciclos existenciais nos quais o homem tem que lutar contra o "*mal*" uma e outra vez. Em conseqüência, existe um objetivo chamado *Nirvana*, que é alcançado por aqueles que superaram o ciclo dos renascimentos ou da vida terrena. O objetivo mais alto da vida superior, o esclarecimento, é assim alcançado. (Cf. Bsteh 1982, p. 89)

Para o budismo, o objetivo final não é um paraíso ou um mundo celestial. A preocupação decisiva do budismo é que se possa livrar da escravidão da existência mundana seguindo o caminho certo e assim alcançar a realização da verdade mais alta. Alcançar o esclarecimento é idêntico ao Nirvana. Todos os budistas concordam que o objetivo é a iluminação e que este objetivo é alcançado ao seguir o caminho certo. (Cf. Bsteh 1982, p. 89)

Este processo é assim comparado a um fogo ardente, em que a própria vida se torna involuntariamente enredada de novo e de novo com o mundo exterior. Superando este processo de vida, o fogo se extingue. O fogo se extingue assim a vida de cegueira, paixões, desejos e ódio. A pessoa não se sente mais movida por falsas idéias e desejos associados a elas. Esta extinção do sofrimento leva a um estado ideal, imperecível, que é chamado de "*Nirvana*". Este é um *estado perpétuo de felicidade e paz a ser alcançado aqui na Terra* (Cf. Bsteh 1982, p. 89f.)

O Nirvana é, portanto, a cessação de todo ego - aderindo a desejos e ilusões. É a recompensa da abnegação e assim se escapa da lei do renascimento. O homem se liberta dos grilhões de uma vida cheia de sofrimento, das ilusões do ego, de todo sofrimento e tristeza. No Nirvana existe uma paz sem dor, que também é chamada de *bem-aventurança*. A paz nos ensinamentos budistas, entretanto, não é ociosa, mas ativa. Uma paz que é alcançada na luta. Por outro lado, o entusiasmo daqueles que alcançaram o Nirvana não é uma paz exuberante, mas uma *paz calma. Um silêncio no qual não há o menor traço de languidez*. Aqueles que alcançaram o Nirvana são elogiados como alguém que não é atormentado pela vida ou morte Este estado também é definido como felicidade (Cf. Bsteh 1982, p. 91f.)

Mas também existem pré-formas do Nirvana que o Dalai Lama (1992) chama de *Nirvana com restos* ou *baixos níveis de Nirvana*. Isto significa que, embora o Nirvana tenha sido realizado, ainda há restos de feitos e paixões anteriores manchadas. (Cf. Dalai Lama 1992, p. 134)

Deve-se notar também neste contexto que a idéia dos eternamente condenados no sentido budista não existe, embora a existência de pessoas que na realidade são muito difíceis de salvar não seja negada. (Cf. Bsteh 1982, p. 95)

A forma mais alta do Nirvana é chamada de Nirvana *não habitacional.* Ele não habita no extremo do ciclo de existência ou no extremo da paz puramente pessoal. (Cf. Dalai Lama 1992, p. 134)

Em vez disso, (...) trouxemos o nosso próprio desenvolvimento e a capacidade de alcançar o bem dos outros para completar. Não só se conquistou completamente os obstáculos através das paixões que impedem a libertação, mas também se superaram completamente os obstáculos à onisciência. (Cf. ibid., p. 134)

O esclarecimento é um processo dinâmico, sempre em evolução, e a verdade está em constante movimento. O homem que alcançou a libertação deve continuar seu trabalho neste mundo. As ações que ele estabelece não o mancham. Ele deve trabalhar para o bem-estar dos outros. (Cf. Bsteh 1982, p. 95)

Uma pessoa tem até mesmo a capacidade de alcançar o bem-estar dos outros. (Cf. Dalai Lama 1992, p. 134)

De acordo com estas declarações, as pessoas que já alcançaram o Nirvana continuam seu trabalho nesta terra sem poder de forma alguma influenciar *o mal.* Então, quais são as diferenças marcantes para a visão cristã ou islâmica? Como mencionado acima, o budista - acreditando que o ser humano *passa por* todos os ciclos de existência e assim renasce, a fim de se tornar *melhor* neste caminho. Somente quando uma pessoa tiver superado completamente as influências *negativas* deste mundo, ela alcançará o Nirvana como recompensa por sua abnegação. Este Nirvana existe para a pessoa em questão aqui nesta terra, para que ela possa continuar seu trabalho no mesmo lugar.

É importante reconhecer a diferença para as outras duas religiões no sentido de que existe um *mundo celestial* dentro delas, que é mantido em perspectiva após a morte. O *céu*, portanto, não é um lugar que existe aqui nesta terra: Pois sabemos que se nossa casa terrestre, esta cabana, for demolida, teremos um edifício, construído por Deus, uma casa não feita com as mãos, que é eterna no céu. (Cf. Sociedade Bíblica Alemã 1999, p. 208 NT)
Em dois outros lugares no Novo Testamento, diz: Mas esperamos por um novo céu e uma nova terra de acordo com Sua promessa, na qual habita a justiça. (Cf. ibid., p. 256 NT)
Eis que faço novas todas as coisas! (Cf. ibid., p. 296 NT)

Estes versos dão a dica de que, portanto, o termo *céu* é um dado desta terra, o que, como dito anteriormente, é contrário à localização do Nirvana no budismo.

A descrição dela (no que diz respeito à essência), no entanto, pode definitivamente ser comparada com a do *céu*:

Paz, felicidade, paz, bênção e libertação de influências *negativas* como dor, tristeza, desejos, etc., prevalecem em ambos. Daí resulta que os estados de ambas as etapas finais são essencialmente idênticos, apenas o lugar onde isso ocorre é diferente.
É precisamente por esta razão que a diferença adicional também pode ser derivada, ou seja, a possibilidade de influenciar o *resto do* mundo: No budismo, portanto, existe a possibilidade, como alguém que alcançou o Nirvana, de continuar seu trabalho nesta terra, mas sem que a pessoa tenha que lutar novamente contra *o mal*, pois isso já foi superado. Mas como *o céu* está localizado em outro lugar, é claro que aqueles que estão lá não podem viver nesta terra ao mesmo tempo. Portanto, a possibilidade de trabalhar nesta terra não é dada. Neste contexto, devemos mencionar também o *Reino Milenar* da Sagrada Escritura: isto deve ser visto como uma etapa preliminar ao céu, e se caracteriza pelo fato de que todos os crentes vivem nesta terra por mil anos sem serem in-

fluenciados pelo *mal*. Os fenômenos *malignos* não estão de forma alguma presentes nela. Isto significa que somente os fiéis vivem juntos de uma maneira *boa*, já que o *"mal"* é temporariamente banido. (Cf. Sociedade Bíblica Alemã 1999, p. 295 NT)

Este período de tempo é muito semelhante ao Nirvana, a única diferença é que no Nirvana, este estado ideal só prevalece nos Seres Iluminados e eles podem influenciar outras pessoas *más* deste estado. Precisamente isto não é possível no *Reino Milenar segundo a* descrição bíblica, pois a fonte do *mal* é banida, como já mencionado. Mas o foco deste tema não deve de forma alguma ser a comparação do Nirvana com o *Reino Milenar* da doutrina cristã, visto que este reino, como seu nome sugere, é limitado a mil anos, e portanto não representa um estado eterno que se estende após a morte, como o *céu* ou o *inferno*, por exemplo.

A comparação Nirvana - *o céu* me parece muito mais significativo por este motivo.

Finalmente a este capítulo gostaria de fazer uma observação interessante neste contexto, que Alexius J. Bucher (1984) menciona em sua obra *Warum sollen wir gut sein?*
Ele fala do fato de que a pergunta *Por que devemos ser moralmente bons?* não está aberta de forma alguma, já que nós, seres humanos, decidimos de forma moralmente qualificada, isto é, moralmente bons ou moralmente maus, por assim dizer, com base em uma moralidade constituída por nossa existência. (Cf. Bucher 1984, p. 5)

Aqui, então, assume-se que o problema da pergunta *Por que agimos desta ou daquela maneira* não surge de forma alguma, mas é respondido com antecedência: Não temos mais a liberdade de decidir pela liberdade em princípio, porque toda decisão que quer liberdade já reivindica liberdade. (Cf. ibid., p. 5)

Portanto, não há representação do futuro, como o Nirvana ou o *céu, por exemplo,* o que provavelmente responderia à questão de *por que se deve ser moralmente bom na medida em que* o homem é eternamente feliz. paz, bênção e paz. Isto é tanto incentivo quanto significado em um só, porque visa um objetivo que - eu acho - muitas pessoas consideram que vale a pena lutar, e que é imperecível. Agir moralmente *bem* sem saber por que se faz isso é, em minha opinião, possível, mas torna mais difícil ser consistente na aplicação, pois quando ocorrem influências *malignas*, as razões pelas quais se deve resistir a elas não estão presentes e, portanto, é mais provável que se seja tentado a ceder ao outro lado. Entretanto, concordo com o ponto de vista de Bucher a este respeito, porque minha opinião é que o homem está sempre consciente em seu íntimo se suas ações são moralmente *boas* ou moralmente *más*, mesmo sem o pano de fundo de uma doutrina correspondente. A consciência ou vai atormentar aqueles que o fazem ou atribuir-lhes *o bem*.

Tanto os *bons* quanto os *maus* são assim acessíveis no homem desde o início (ver princípio bíblico acima), apenas a questão do *porquê*, a meu ver, apenas em conexão com um objetivo de longo alcance pode ser respondida, pois dificilmente alguém gosta de usar sua energia para algo onde não é claro com o que a perspectiva está associada. Tomar consciência dos meios que se tem que usar para alcançar certas coisas se aplica a todas as situações da vida e provavelmente também é vantajoso neste tópico moral-religioso.

DR. NORBERT HEGER

Os Objetivos Da Educação Moral

Felix von Cube lida, entre outras coisas, com os objetivos da educação moral: Em sua opinião, é claro que nenhum objetivo segue os fatos, e nenhum valor deve seguir os valores reais. Objetivos são decisões, o que significa que sempre se pode decidir de forma diferente. Naturalmente, pode-se também decidir contra a lógica sociológica, pode-se querer arruinar a própria empresa. Além disso, é claro que uma decisão é sempre um ato subjetivo, uma meta é sempre uma afirmação subjetiva, não se pode prová-la, só se pode rastreá-la até suas decisões básicas.

No que diz respeito à educação moral, a primeira coisa que se deve decidir é o objetivo de que as pessoas devem aderir à lógica social, ou seja, o objetivo de uma moralidade social geralmente vinculante. Esta é a única maneira de garantir a sobrevivência nas sociedades. Aqui reside a decisão subjetiva básica.

Um segundo conjunto de objetivos diz respeito à moralidade humana. O ser humano tem a capacidade de refletir e, portanto, também de empatia. Ele pode colocar-se no lugar dos outros, em seu sofrimento, em sua alegria. Aqui está a fonte das virtudes sociais, a fonte para a humanidade, para o sustento dos doentes, dos idosos ou de outros necessitados. A capacidade do homem de conhecer o futuro e assim relacionar a empatia consigo mesmo é provavelmente também única. Desta forma, uma pessoa pode ter pena de alguém, mas ao mesmo tempo saber que ela mesma pode entrar em uma situação lamentável em algum momento. Presumivelmente, esta empatia refletida é o ponto de partida para as virtudes humanas que são típicas dos humanos. Cube quer ver tais virtudes humanas ancoradas para todas as pessoas.

O terceiro conjunto de objetivos de educação moral refere-se à moralidade humana. De fato, a agressão extra-social leva à violência, crueldade e destruição. Portanto, para viver em paz, a moralidade social e a moral humana devem se aplicar a todas as pessoas. (Cf. Neumann et.al. 1999. p. 123)

Com relação à pergunta *Por que se deve agir bem*, Annemarie Pieper (1997) diz: O bem deve dar sentido à vida e assim tornar sua contingência suportável. Mas o mal também é uma forma de lidar com a contingência, na medida em que proporciona um prazer proibido que a pessoa em questão deve inteiramente a suas próprias habilidades, que vão além dos limites normais estabelecidos nas regras gerais. Segundo Pieper, existe algo como uma autonomia no mal, que permite ao criminoso sentir-se como o mestre do mundo, já que seu desejo de crueldade, de destruição, cresce com a distância do bem, e ao aumentar esta tensão ele é capaz de aumentar sua auto-estima. (Cf. Pieper 1997, p. I20f.)

Sigmund Freud fala da necessidade das leis morais, uma vez que a sociedade humana não poderia viver sem elas. (Cf. Hartmann 1960, p. 12)

Wuketits (1993) conclui que o homem não está naturalmente disposto a agir eticamente correto - o que quer que isso signifique em detalhes - mas é forçado a fazê-lo apenas pela necessidade de viver em comunidade. (Cf. Wuketits 1993, p. 14)

Gostaria de concluir este capítulo com a seguinte declaração de Alfons Benning (1992): A educação orientada pelo valor visa, em última análise, a autodescoberta da pessoa, porque o homem está sempre preocupado consigo mesmo à sua maneira original. (Cf. Benning 1992, p. 84)

3 SUMÁRIO

A seguir, vou resumir os principais resultados desta tese:

O primeiro capítulo, que trata das diferentes definições de comportamento moral (*bom*, *mau*, *certo*, *errado* e similares), pretende deixar claro que não existe um entendimento uniforme do que, por exemplo, deve ser considerado como *bom*. No que diz respeito ao 'Feil', porém, os respectivos pontos de vista estão muito próximos uns dos outros, especialmente quando se considera os ensinamentos das religiões individuais.

A seguir, a primeira questão é se o homem é "bom" por natureza (levando em conta o fato de que não existe uma definição geralmente válida de "bom" e "mau"):

O ponto de vista da Bíblia é que o homem, quando vem ao mundo, é sobrecarregado pelo pecado original e, portanto, não tem nada *de bom* nele por natureza. Entretanto, este princípio não se encontra nos ensinamentos do Islã, no qual o homem é *bom* por natureza e só entra em contato com o *mal* através de várias influências ambientais. Portanto, em minha opinião, também não há uma única resposta válida a esta pergunta, uma vez que os pontos de vista das religiões, bem como os da pedagogia e da filosofia são muito diferentes.

No curso posterior desta tese de diploma, serão apresentados caminhos religiosos que levam as pessoas a se tornarem uma *boa* pessoa (no sentido da definição correspondente de *bem*).

Como as três religiões mencionadas acima (budismo, cristianismo, islamismo) já são, como mencionado acima, largamente idênticas na questão da definição do *bem* e do *mal*, há também muitas semelhanças na descrição do caminho para um *bom* ser humano. Em todas as três religiões o homem é chamado a fazer *o bem* e a evitar *o mal*.

Destaca-se o fato de que na doutrina cristã há uma assistência, o *Espírito Santo*. Este Espírito dá ao crente a força para fazer o *bem* não mais por seus próprios esforços, mas com a ajuda deste Espírito.

Nas outras duas religiões não existe, em minha opinião, tal apoio, mas ele depende apenas da própria capacidade de se tornar uma *boa* pessoa e possivelmente satisfazer um Deus com ele.
Em comparação com as direções religiosas, assinalei então as características da educação moral e suas estratégias.

Além disso, entrei em alguns conceitos pedagógicos para a educação do homem, nomeadamente os de Hentig e Fröbel. Estas descrições deveriam mostrar quais conceitos existem dentro da pedagogia para educar o ser humano e assim contribuir para um desenvolvimento no sentido de se tornar uma *boa* pessoa. Em seguida, me voltei para o processo de modernização de hoje e descrevi suas características em um contexto social.

A crescente desorientação é um fenômeno essencial que pode ser observado no curso da modernização. Alguns representantes da pedagogia vêem isto como uma tarefa importante, ou seja, contrariar a falta de orientação dentro da sociedade.

Isto pode ser feito, entre outras coisas, por meio da *aprendizagem ao longo da vida* ou do conceito de *ação ponderada*, como os descrevi de forma exemplar. Exemplar porque há uma variedade de métodos pedagógicos e a apresentação de todos eles iria além do escopo deste trabalho.
Neste ponto, gostaria de citar novamente o seguinte historiador David Landes (Cf. Landes 1999, p.525): A única lição que aprendemos com isto é a necessidade de testes constantes. Não é de se admirar. Sem perfeccionismo. Sem fim - tempo. Devemos desenvolver uma fé céptica, evitar dogmas, ouvir e observar bem, tentar esclarecer e determinar objetivos. Somente então

poderemos escolher os meios certos.

Na última parte de minha tese, vou tratar das razões para a educação moral do homem. *Por que ser bom* é a questão central aqui.

As respostas religiosas a esta pergunta referem-se principalmente à idéia do futuro, ou seja, que efeitos o comportamento moral tem sobre a vida após a morte na Terra.

Aonde o caminho para uma *boa* pessoa leva a longo prazo? Há paralelos entre os ensinamentos cristãos e islâmicos a este respeito. O *céu* e o *inferno* são as duas possibilidades abertas ao homem após esta vida terrena, dependendo se se fez ou não *o bem* (de acordo com a definição apropriada).

No que diz respeito ao processo de travessia deste mundo para o próximo mundo, eles diferem. A escolha de quem será salvo a longo prazo também é diferente. No entanto, o *céu* e o *inferno* não existem no budismo. *Nirvana* é o nome dado ao que é considerado a recompensa por uma *boa* vida, por assim dizer. Vistos puramente em termos de estado, *céu* e nirvana são muito parecidos. Felicidade, paz, tranqüilidade e libertação prevalecem sem a influência do *mal* na vida de uma pessoa.

A possibilidade de *ser eternamente amaldiçoado* (*inferno*) também não existe no sentido do ensinamento budista. A meu ver, os objetivos da educação moral estão principalmente relacionados a este lado e enfatizam a necessidade de leis morais e sua observância para o autodesenvolvimento do ser humano individual e para uma sociedade que funcione. A este respeito, pode-se ver um ponto em comum com as abordagens pedagógicas apresentadas, que, como já mencionado acima, estão principalmente relacionadas com a desorientação contrária dentro da sociedade. Assim, na minha opinião, os conceitos pedagógicos mencionados acima, assim como a educação moral, têm um caráter relacionado a este mundo.

A idéia de uma representação pedagógica do além é para mim mais facilmente reconhecível no conceito de educação humana segundo Fröbel, pois está fortemente relacionada ao ensino cristão e a unidade com Deus é considerada uma parte essencial de sua educação. Portanto, na minha opinião, pode-se assumir que para Fröbel, além da educação do homem na vida terrena, as conseqüências de longo alcance para a vida após a morte também desempenham um papel.

4
BIBLIOGRAFIAOGRAFIA

Antes, Peter (Ed.): The Religions of the Present. História e fé. Munique 1996.

Aufenanger, Stefan / **Garz**, Detlef / **Zutavern**, Michael: Educação para a justiça: prática docente depois de Lawrence Kohlberg. Munique 1981.

Baumann, Ulrike: Educação ética e mudança de valores. Weinheim 1987.

Henning, Alfons:Ética o Educação: fundação e Concretizações de uma ética pedagógica. Zurique 1992.

Bernstein, Basiléia: Contribuições para uma teoria do processo pedagógico: Frankfurt/M. 1977.

Trazido lá", John: A estrutura do espírito humano de acordo com Agostinho. Hamburgo 2000.

Bsteh, Andreas (Ed.): Salvação no Cristianismo e no Budismo. Contribuições para a Teologia da Religião 3º Mödling 1982.

Bucher, Alexius . 1º: Por que devemos ser bons? Sobre a possibilidade de uma justificativa final razoável das normas morais. Munique 1984.

Cube, Felix von: Moral e Educação Moral. Noções básicas de biologia comportamental. In: **Neumann**, Dieter / **Schöppe**, Arno / **Treml**, Alfred K. (eds.): The Nature of Moral. Stuttgart 1999. pp. 117-128.

Dalai Lama: Introdução ao budismo. Hamburgo 1992.

Dalai Lama: O Livro da Humanidade. Uma nova ética para o nosso tempo. Bergisch Gladbach 2000.

Sociedade Bíblica Alemã: A Bíblia. Após a tradução por Martin Luther. Stuttgart 1999.

Eco, Umberto: Como escrever uma tese científica. Heidelberg 2002.

Mircea / Couliano, empréstimo P.: O Manual de Religiões. Düsseldorf 2004.

Eibl - Eibesfeldt, Irenäus: O homem é capaz de ser paradisíaco? In: Huber, Herbert (Ed.): Educação moral. Ética na educação e no ensino. Asendorf 1993. p. 31-52.

Eizenberg, N., Mussen. Paul Ilenry: The Roots of Prosocial Behaviour in Children (As Raízes do Comportamento Prosocial nas Crianças). Cambridge, 1989.

Ellinghaus, Wolfram (Hrsg.): Universelle Werte. Harsewinkel 1999.

Englert, Ewald 1-1: A mobilização estimula a sociedade pós-moderna e suas conseqüências para a mudança cultural. In: The Freethinker, 27th Year, 1/1997, S. 1-8)

Etzioni, Amitai: A descoberta da comunidade. Reclamações, Responsabilidades e o Programa do Comunitarismo (título da edição original americana: O Espírito de Comunidade). Stuttgart 1995.

Filia, Wilhelm: Interesse na educação superior na Áustria. In: O Centro Austríaco de Educação de Adultos. No. I75/Março 1995b.

Fröbel, Friedrich: As idéias básicas de Friedrich Fröbel. Uma carta. Keilhau no dia do início da primavera de 1846. In: **Saviour**, Helmut: Contribuições para a pesquisa da Fröbel. Hildesheim 1992.

Fröbel, Friedrich: Princípios básicos da educação humana. Em: **Scheveling**, Julius (Ed.): Friedrich Fröbel. Escritos pedagógicos selecionados. Paderborn 1965.

Geerlings, Wilhelm: Augustinus. Freiburg im Breisgau 1999.

Giddens, Anthony: Teoria crítica da modernidade tardia. Viena 1992.

Gruber, Elke: Profissão e educação - (k)uma contradição? Innsbruck

Günther, Michael (Ed.): A Sabedoria da Ásia. O livro de leitura da China,
Japão, Tibete, Índia e Oriente Médio. Kreuzlingen / Munique 1999.

Halm, Heinz: Islamismo. Passado e presente. Munique 2000.

Heiland, Helmut (eds.): Contribuições para a Pesquisa Fröbel. Hildesheim 1992.

Heiland, Helmut (Hrsg.): Friedrich Wilhelm August Fröbel. Stuttgart 2002.

Hentig, Hartmut: Oh, os valores! Sobre a educação para o século XXI. Munique Viena 1999.

Hentig, Hartmut von: Educação. Uma redação. Munique Viena 1996.

Hentig, Hartmut von: Repensando a escola. Um exercício de senso comum prático. Munique Viena 1993.

Hillmann, Karl-Heinz: Wertwandel: Sobre a questão das condições prévias socioculturais de modos de vida alternativos. Darmstadt, 2ª ed., 1989.

Höhne, Thomas: Pedagogia da sociedade do conhecimento. Bielefeld 2003.

Huber, Herbert (eds.): educação moral. Ética na educação e no ensino. Asendorf 1993.

Hügli, Anton **/ Lübeke**, Poul (Ed.): Philosophy Dictionary. Pessoas e conceitos da filosofia ocidental desde a antiguidade até o presente. Reinbeck perto de Hamburgo, 1ª edição, 1991.

Kohlberg, Lawrence: Desenvolvimento moral e educação democrática. In: **Lind**, Georg **/ Raschert**, Jürgen (eds.): Moral Judgement: An examination of Lawrence Kohlberg. Weinheim - Basiléia 1987, S. 25-43.

Kühnhardt, Ludger: Cada homem por si e todos contra todos. Freiburg i. Br. 1994.

Landes, David: Prosperidade e pobreza das nações. Por que alguns são ricos e outros pobres. Berlim 1999.

Laufhütte, Hartmut / **Lüdeke**, Reinar (eds.): Valores, Bem-estar e a Boa Vida. Berlim 2002.

Lenz, Werner: Tempos modernos - e suas contradições. In: Lenz, Werner: Bridges into the Morning. Educação em transição. Innsbruck 2000.

Lenz, Werner: Pontes para a manhã. Educação em transição. Innsbruck
2000.

Lenz, Werner: On the Road Again. Na estrada novamente com a educação. Innsbruck,

Lippitz, Elfriede Bárbara: Valores como Tamanhos de pedido. **Viena 1999:** Um esboço fenomenológico usando o exemplo da justiça. Graz 1998.

Loo, Hans van der, Reijen. Willem van: Modernisierung. Projekt und Paradox. München 1992.

Löwisch, Dieter-Jürgen: Introdução à ética pedagógica. Um guia orientado para a ação para a implementação de discursos de responsabilidade. Darmstadt 1995.
Marotzki, Winfried: Esboço de uma teoria estrutural da educação. Interpretação biográfico-teórica dos processos educacionais em sociedades altamente complexas. Weinheim 1990.

Março, Fritz: **O** encontro de valores como uma tarefa didática. Donauwörth 1963.

Müller, Max / **Ilalder**, Alois (eds.): Philosophical Dictionary.
Freiburg - Basiléia - Viena 1988.

Mohrs, Thomas: A ética de dever de John Stuart Mill - provocação plana ou ponte para a "boa vida"? In: **Laufhütte**, Hartmut / **Lüdeke**, Reinar (eds.): Valores, Bem-estar e a Boa Vida. Berlim 2002. pp. 67-92.

Neumann, Dieter / **Sehöppe**, Arno / **Treml.** AlCrcd K. (Ed.): Natureza
da moralidade. Ética evolutiva e educação. Stuttgart 1999.

Oser, Fritz: Possibilidades e limites de aplicação do conceito de educação moral de Kohlberg em nossas escolas. In: **Lind**, Georg / **Raschert**, Jürgen (eds.): Moral Judgment: An examination of Lawrence Kohlberg. Weinheim - Basiléia 1987. pp. 44-53.

Pieper, Annemarie: Gut und Böse. München, 1997.

Rauscher, Anton: Espírito público ao invés de egoísmo. Por um fortalecimento da cultura social. Colônia 1997.

Scheveling, Julius (eds.): Friedrich Fröbel. Escritos pedagógicos selecionados. Paderborn 1965.

Schimmel, Annemarie: A religião do Islã. Uma introdução. Stuttgart 1990.

Shishkoff, Georgi: Dicionário Filosófico. Stuttgart, 22ª edição, 1991.

Schleiermacher, Friedrich: Reflexões sobre uma teoria da educação. Heidelberg 1965.

Seidl, Horst: Ética cristã e lei moral natural. In: **Ellinghaus,** Wolfram (Ed.): Valores Universais. Harsewinkel 1999. pp. 90-115.

Sennett, Richard: O homem flexível. A cultura do novo capitalismo. Berlim 1998.

Sennett, Richard: Respeito em uma era de desigualdade. Berlim 2002.

Shibata, Ryoichi: Ação ponderada. In: Lenz, Werner: Pontes para a manhã. Educação em transição. Innsbruck 2000.

Speck, Josef: Handbook of Philosophy of Science Terms. Volume 3. Göttingen 1980.

Störig, Hans Joachim: Uma breve história mundial de filosofia. Frankfurt/Main 1993.

Studienkreis Kirche/Wirtschaft NRW: Bem Comum - Obrigação Conjunta de Igreja e Economia. Düsseldorf 1990

Weinke, Kurt: Mudando normas e valores a partir de uma perspectiva filosófica. In: **Grabner-Haider,** Anton / Weinke, Kurt: Valores de vida em mudança. Graz 1990.

Wickert, Ulrich: O Livro das Virtudes. Hamburgo, 1ª edição, 1995.

Wieser, Bernhard: Projeto técnico participativo, um modelo pedagógico. In: **Federal Institute for Adult Education St. Wolfgang, Strobl** (eds.): Modernization aspects in education and further education. Instituto de Ciências da Educação Departamento de Educação de Adultos. Graz 1999, pp. 24-35.

Wieser, Bernhard: A desorientação é um problema pedagógico? In: **Lenz,** Werner: Pontes para a manhã. Educação em transição. Innsbruck 2000.

Wuketits, Franz M.: Condenado à imoralidade? À história natural do bem e do mal. Munique 1993.

Zimmermann, Hans (eds.): Os escritos menores de Fröbel sobre pedagogia. Leipzig 1914.